Pia Biehl

„Erzähl mir mehr vom lieben Gott“

Krabbel- und Kindergottesdienste zu biblischen Geschichten

Feiern mit der Bibel
Band 11

Für Antonia, Sophia, Raphaela
und all' die Kinder, die uns mit ihrer Freude und Begeisterung
immer wieder motivieren, mehr vom lieben Gott zu erzählen!
Zur Erinnerung an Pastor Ulrich Deimel († 1999)

Pia Biehl

„Erzähl mir mehr vom lieben Gott“

Krabbel- und Kindergottesdienste zu biblischen Geschichten

Verlag Katholisches Bibelwerk

Die Deutsche Bibliothek – CIP-Einheitsaufnahme

Biehl, Pia:
Erzähl mir mehr vom lieben Gott :
Krabbel- und Kindergottesdienste zu biblischen Geschichten /
Pia Biehl. - Stuttgart : Verl. Kath. Bibelwerk, 2000
(Feiern mit der Bibel ; Bd. 11)
ISBN 3-460-08011-6

In ihrem ersten Band „Erzähl mir was vom lieben Gott . . .“, der ebenfalls im Verlag Katholisches Bibelwerk erschienen ist, bietet Pia Biehl Krabbel- und Kindergottesdienste rund ums Kirchenjahr

112 Seiten
ISBN 3-460-08009-4

Satz: Graphische Werkstätten Lehne GmbH, Grevenbroich
Druck: Druckerei Gerthofer, Geislingen/Steige
Titelfoto: Motiv zum Gottesdienst „Bartimäus“,
© Krabbel- und Kindergottesdienst-Team
in der Pfarrgemeinde St. Joseph, Siegen-Weidenau

Inhalt

Vorwort

„Erzähl mir mehr vom lieben Gott ...“ dieser Aufforderung bin ich gerne nachgekommen.
Während sich die Krabbel- und Kindergottesdienste, in „Erzähl mir was vom lieben Gott ...“ (Feiern mit der Bibel, Band 9), am Kirchenjahr orientieren, thematisiert dieser Band Bibelgeschichten des Alten und Neuen Testamentes.
Eine Grundstruktur durchzieht alle Gottesdienste wie ein roter Faden und erleichtert den Kindern die Orientierung, da bestimmte Rituale, wie z. B. das gemeinsame Kreuzzeichen, das Anzünden der Kerze und das Vaterunser ihren festen Platz im Gottesdienst haben.
Ziel von „Erzähl mir mehr vom lieben Gott ...“ ist es, Bibelgeschichten des Alten und Neuen Testamentes vor den Augen von Kindern und Eltern lebendig werden zu lassen, sie sinnlich erfahrbar zu machen. Eine Geschichte zu hören, ist die eine Sache, sie aber gleichzeitig auf Bildern mit zu verfolgen, sie mit Figuren mit zu spielen, oder gar selber ein Teil dieser Geschichte zu sein, macht die ganze Sache doch schon viel spannender.
Wir haben in St. Joseph in Weidenau diese Gottesdienste mit viel Freude gefeiert und die Begeisterungsfähigkeit unserer Kinder ist uns immer wieder neu Motivation, vom lieben Gott zu erzählen!
Ein Tipp zu den benutzten Materialien: Wenn in der Gemeinde kein Fundus an Tüchern, Bausteinen, Holzfiguren etc. vorhanden ist, fragen Sie doch einfach in den örtlichen Kindergärten nach. Oft können die mit diesen Dingen aushelfen. Da die Materialien immer wieder zum Einsatz kommen, lohnt es sich auf längere Sicht durchaus, das ein oder andere Teil anzuschaffen.

„Erzähl mir mehr vom lieben Gott ...“ nehmen Sie die Herausforderung an und lassen Sie die Kinder in Ihren Gruppen, Kindergärten und Gemeinden die Botschaft Jesu mit allen Sinnen erfahren!

Ein herzliches Dankeschön sei an dieser Stelle allen gesagt, die dazu beigetragen haben, dass dieses Buch entstehen konnte:
Pastor Uli Stipp für die theologische Begleitung, Claudia für unermüdliches Korrekturlesen, Stefan, Antonia, Sophia und Raphaela für ihre Geduld während der Zeit der Manuskripterstellung und all denen, die mir durch Babysitten, durch Mut machen, durch Zuhören, durch Beschaffen von Informationen zu Sachthemen u.v.m. den Rücken freigehalten und die Arbeit ermöglicht haben.

Pia Biehl, im März 2000

1. Die Schöpfungsgeschichte

Vorbereitung

- Liedzettel
- Schöpfungsbilder farbig hochkopieren aus: Maria- Regina Bottermann; Die Schöpfung den Kindern erklärt; mit Bildern von Heide Mayr- Pletschen, Verlag Butzon & Bercker, Kevelaer

Es bietet sich an, die Bilder auf DIN A 3 zu kopieren und auf Tonkarton aufzuziehen. Wir haben die Bilder im Anschluß an unseren Gottesdienst mit dem Text von Rolf Krenzer (s.u.) versehen und in der Kirche aufgehängt.

Ablauf

▷ Eröffnung

▷ Begrüßung

▷ Anzünden der Kerze

▷ Gemeinsames Kreuzzeichen

▷ Lied
– SL 29: Die Sonne hoch am Himmelszelt (Text: H. Bergmann; Musik: H. Wortmann; aus: SU 330 „Pfälzer Kindermesse“, Rechte beim Studio Union im Lahn Verlag, Limburg)

▷ Einführung
Schönes Wetter, Blumen, Sonne, alle schönen Dinge, die wir sehen können. Wem verdanken wir das alles?

▷ Lied
– SL 301: Du gabst mir Augen (Text: Rolf Krenzer; Musik: Ludger Edelkötter; aus: „Halte zu mir heute“, Rechte beim Impulse Musikverlag, Drensteinfurt)

▷ Katechese
Bildbetrachtung und gemeinsames Erarbeiten der Schöpfungsgeschichte entlang des Textes: „Am Anfang“ aus: Irmgard Weth, Neukirchener Kinder-Bibel mit Bildern von Kees de Kort, Aussaat, 12. überarbeitete Auflage in neuer Rechtschreibung, Kalenderverlag des Erziehungsvereins, Neukirchen-Vluyn 2000.

▷ Lied und Text
– SL 301: Du hast uns deine Welt geschenkt, 1. Str. (Text: Rolf Krenzer; Musik Detlev Jöcker; aus Liedspielheft und MC: „Heut ist ein Tag, an dem ich singen kann“; Rechte beim Menschenkinder Verlag, Münster)
Text: Eine ganz lange Geschichte: Gott hat die ganze Welt geschaffen (Text: Rolf Krenzer, aus: Wir kleinen Menschenkinder, Singen und Spielen unterm Regenbogen, Rechte beim Menschenkinder Verlag, Münster)
In den Text wird ein Liedruf eingeschoben. Refrain: *„Herr, wir danken dir“,* aus: Du hast uns deine Welt geschenkt
– SL 301: Du hast uns deine Welt geschenkt, 8. Str.

▷ Vaterunser

▷ Segen/Kindersegen

▷ Lied
– kommt – singt 49: Singet, danket unserm Gott (Text: Kurt Rommel; Musik: Horst Weber, Rechte beim Strube Verlag GmbH, München)

Elemente für den Gottesdienst

▷ Einführung
Wir haben es gerade in unserem Lied gesungen: ... alles hat Gott gemacht! Die Sonne hoch am Himmelszelt, die Blumen, die Bäume, die Tiere, die Menschen, alles, was wächst und lebt. Wir wollen uns heute gemeinsam anschauen, wie das damals war, als Gott die Welt gemacht hat. Das ist nämlich eine ganz interessante Geschichte! Der liebe Gott hat schon etwas Zeit dafür gebraucht, bis alles so war, wie er es sich gedacht hatte. Er hat nicht einfach mit dem Finger geschnippt und schon war die ganze Welt da, er hat alles nach und nach entstehen lassen. Damit ihr euch besser vorstellen könnt, wie das alles war, haben wir euch Bilder mitgebracht, die wir uns gemeinsam anschauen wollen.

▷ Katechese

Bild 1: Chaos
„Am Anfang schuf Gott Himmel und Erde. Noch war die Erde öde und ohne Leben. Wasser bedeckte das Land. Und es war überall dunkel.“
Schaut euch dieses Bild einmal genau an. Eigentlich kann man gar nicht viel erkennen. Es ist dunkel, die Erde, die man hier nur erahnen

kann, ist wüst und leer. Es gibt nichts auf dieser Erde, es herrscht Chaos!

Bild 2: Licht
„Da sprach Gott: ‚Es werde Licht!' Und Gott sah, dass das Licht gut war."
Auf dem zweiten Bild hier können wir schon ein bisschen mehr erkennen. (...) Gott hat das Licht gemacht. Licht ist ganz wichtig für unser Leben. Wir brauchen das Licht, um uns so richtig wohl zu fühlen. Wenn die Sonne scheint, haben wir doch viel bessere Laune, als an dunklen Tagen. Die Pflanzen brauchen das Licht zum Wachsen. Eine Pflanze, die ihr in den dunklen Keller stellt, wird nach kurzer Zeit eingehen. Aber wir brauchen ja auch Zeit zum Ausruhen und das geht am Besten Nachts. Deshalb hat der liebe Gott die Dunkelheit nicht ganz vertrieben. Das Licht hat er Tag genannt und die Dunkelheit Nacht. Das war der Erste Tag der Erschaffung der Welt.

Bild 3: Himmel
Am zweiten Tag passierte das, was ihr auf diesem Bild sehen könnt.
„Und Gott sprach: ‚Über der Erde soll ein Himmel entstehen!' Und Gott sah, dass es gut war, was er gemacht hatte."
Was seht ihr hier? (...) Wasser bedeckt die Erde und über dem Wasser sehen wir den Himmel. Hinten am Horizont färbt die Sonne den Himmel und das Wasser gelb, wir sehen dicke weiße Wolken, die sehen fast aus wie eine Schafherde und hier am oberen Bildrand ist der Himmel dunkel. Zwischen den Wolken sehen wir blauen Himmel, das ist ein schönes Zusammenspiel der Farben!

Bild 4: Wasser, Land und Pflanzen
„Und Gott sprach: ‚Alles Wasser soll weichen!' Und Gott nannte das trockene ‚Land' und das Wasser nannte er ‚Meer'. Und Gott ließ auf dem Land wachsen Gräser und Kräuter und Bäume aller Art. Und Gott sah, dass es gut war, was er gemacht hatte."
Das war also am dritten Tag. Jetzt sieht das Ganze doch schon eher nach Erde aus?! Wasser, Land, Blumen, Bäume, Früchte, es gibt so viel zu entdecken. (...)

Bild 5: Sonne, Mond und Sterne
„Und Gott sprach. ‚Lichter sollen am Himmel leuchten, bei Tag und bei Nacht!' Und Gott sah, dass es gut war, was er gemacht hatte."
Schaut euch an, was Gott am vierten Tag erschaffen hat. Die Sonne wärmt die Erde und alles, was auf ihr wächst und lebt, der Mond erhellt die Nacht und auch die Sterne, die am Himmelszelt funkeln, hat der liebe Gott gemacht.

Bild 6: Fische und Vögel
„Und Gott sprach: ‚Tiere sollen das Wasser und die Luft mit Leben erfüllen!' Und Gott sah, dass es gut war, was er gemacht hatte."
Große Fische, kleine Fische, Vögel, Insekten, alles was schwimmen und fliegen kann, wurde am fünften Tag von Gott erschaffen. Wer erkennt denn hier Vögel und Fische? (...)

Bild 7: Tiere und Menschen
„Und Gott sprach: ‚Auch auf dem trockenen Land sollen allerlei Tiere leben!' Und Gott schuf die Tiere und sah, dass es gut war, was er gemacht hatte."
Auf diesem Bild sind aber schöne Tiere zu erkennen! (...) Das sind natürlich noch längst nicht alle Tiere, die Gott erschaffen hat. Was fallen euch denn noch für Tiere ein, die ihr nicht auf diesem Bild seht? (...)
Dann könnt ihr noch etwas auf dem Bild hier entdecken, was der liebe Gott gemacht hat!
„Gott sprach: ‚Ich will Menschen machen, die mir gleichen. Über alle Tiere will ich sie stellen.' Und Gott segnete sie und sprach: ‚Vermehrt euch! Breitet euch aus über die Erde! Alles soll euch gehören und den Menschen, die auf der Erde leben werden. Aber ihr sollt mir gehören!' Und Gott sah auf alles, was er gemacht hatte: Es war alles sehr gut. So war der sechste Tag vorüber.
Am siebten Tage aber ruhte Gott. Gott segnete den siebten Tag und sprach: ‚Dieser Tag soll mein Tag sein. Alle Arbeit soll ruhen an diesem Tag!' So wurden Himmel und Erde durch Gott geschaffen. Alles, was in dieser Welt ist, kommt von ihm."

Es gibt ein Lied und auch einen sehr schönen Text, die von der Erschaffung der Welt erzählen. Am Besten stellen wir uns alle in einen großen Kreis, damit wir uns gleich so richtig bewegen können, denn die Geschichte ist eine Mitmach – Geschichte!

▷ Lied und Text
Du hast uns deine Welt geschenkt: Den Himmel, die Erde.
Du hast uns deine Welt geschenkt. Herr, wir danken dir!

Eine ganz lange Geschichte: Gott hat die ganze Welt erschaffen

Liedruf: *Herr, wir danken dir*; aus: Du hast uns Deine Welt geschenkt.

Gott hat die ganze Welt erschaffen.
Mit beiden Armen und Händen die Welt zeigen.
Den Tag zum Wachsein
Aufrichten, den Schlaf aus den Augen wischen.
Und die Nacht zum Schlafen.

Den Kopf auf die Hände legen.

Liedruf: *Herr, wir danken dir.*

Der Himmel sollte über die Erde gehen.
Mit beiden Händen zeige ich den Himmel über mir.

Länder
Beide Hände nach vorn ausbreiten.
Und Meere ließ Gott entstehn.
Wellenbewegungen mit den Armen.

Liedruf: *Herr, wir danken dir.*

Pflanzen
Mit den Händen am Boden eine Pflanze darstellen.
Und Sträucher ließ Gott gedeih'n.
Halbhoch aufrecken, mit den Armen die Zweige darstellen.
Und Bäume bis in den Himmel hinein.
Aufstehen, die Arme hochrecken.

Liedruf: *Herr, wir danken dir.*

Er schuf die Tiere,
Beide Hände nach vorn halten.
Groß und klein.
Große und kleine Tiere mit den Händen andeuten.
Und alle sollen gesegnet sein.
Segenszeichen.

Liedruf: *Herr, wir danken dir.*

Zum Schluß hat Gott die Menschen gemacht.
Ein Mädchen und ein Junge stehen auf.
Er sagte: „Gebt gut auf alles acht!"
Erhobener Zeigefinger.
Dass meine Schöpfung stets besteht!
Auf alle zeigen, die etwas dargestellt haben.
Und nichts darin verloren geht.
Aufstehen und beide Arme nach vorn.

(Text: Rolf Krenzer, aus: Wir kleinen Menschenkinder, Singen und Spielen unterm Regenbogen, Menschenkinder Verlag, Münster, Rechte beim Autor)

Du hast uns deine Welt geschenkt: du gabst uns das Leben.
Du hast uns in die Welt gestellt. Herr, wir danken dir!

2. Die Arche Noach

Vorbereitung

- Liedzettel
- Arche, z. B. von Ostheimer oder Kinderkram
- Tierpaare, Noach und seine Frau, z. B. von Ostheimer
- braune, grüne, blaue, rote und gelbe Tücher
- kleiner Tisch oder Hocker, der als Berg für die Arche dient

Dieser Gottesdienst ist auf das Mitmachen von Eltern und Kindern angelegt. Die Geschichte von Noach soll mitgespielt werden. Statt der o.a. Holzmaterialien kann natürlich auch anderes Material eingesetzt werden. Der Phantasie sind da keine Grenzen gesetzt. Vielleicht kann der Kindergarten mit einer Arche aushelfen.
Vor dem GD wird aus braunen Tüchern und einem Hocker ein Berg gebaut, auf dem nachher die Arche steht. Am Fuße des „Berges" tummeln sich die Tiere auf grünen Tüchern. Aus Bauklötzen können noch einige Häuser gebaut werden. Die Arche und die blauen Tücher kommen erst später zum Einsatz. Die restlichen bunten Tücher werden für den Regenbogen gebraucht

Ablauf

▷ Eröffnung

▷ Begrüßung

▷ Anzünden der Kerze

▷ Gemeinsames Kreuzzeichen

▷ Lied
– SL 5: Wir feiern heut ein Fest (Text: Rolf Krenzer; Musik: Ludger Edelkötter; aus: „Wir feiern heut ein Fest", Rechte im Impulse-Musikverlag, Drensteinfurt)

▷ Einführung
Gott vergibt die Schuld. Ein Beispiel dafür ist die Geschichte von Noach und der Arche.

▷ Schrifttext: „Noach und die Arche"
Genesis (1. Mose) 6-9 aus: Irmgard Weth, Neukirchener Kinder-Bibel, mit Bildern von Kees de Kort, 12. überarbeitete Auflage in neuer Rechtschreibung, Kalenderverlag des Erziehungsvereins, Neukirchen- Vluyn, 2000

Während der Erzählung spielen Eltern und Kinder das Gehörte mit.

▷ Lied
Singen unterm Regenbogen Str. 1–3 (Text: Rolf Krenzer; Musik: Detlev Jöcker; aus: CD, MC und Buch „Wir kleinen Menschenkinder“, Rechte: Menschenkinder Verlag, Münster)

▷ Katechese
Der Regenbogen verbindet Himmel und Erde. Er ist ein Zeichen für Gottes Bund mit den Menschen.

▷ Lied
Singen unterm Regenbogen Str. 4

▷ Vaterunser

▷ Segen/Kindersegen

▷ Lied
– SL 249: Halte zu mir, guter Gott (Text: Rolf Krenzer; Musik: Ludger Edelkötter; aus: „Halte zu mir heute“, Rechte beim Impulse-Musikverlag, Drensteinfurt)

Elemente für den Gottesdienst

▷ Einführung
Heute wollen wir euch eine Geschichte erzählen, die einige von euch bestimmt schon kennen. Die Geschichte handelt von Noach, seiner Arche und von Gott, der sich erst über die Menschen ärgert, ihnen aber dann doch wieder verzeiht. Diese Geschichte steht im ersten Buch der Bibel im Alten Testament, ist also schon ganz alt. Wir möchten euch einladen, nicht nur die Geschichte von Noach anzuhören, sondern sie mitzuspielen. Ihr seht hier schon ein paar Dinge, die wir vorbereitet haben: einen Berg, der gleich eine wichtige Rolle spielen wird, Tiere, sowie Noach und seine Frau.

▷ Noach und die Arche
Bald dachten die Menschen nicht mehr an Gott. Sie spielten sich auf, als seien sie selbst Gott, und verdarben alles, was er gemacht hatte. Sie raubten und mordeten und machten sich nichts daraus. Jeder dachte nur an sich selbst und tat, was ihm allein nützte.
Da tat es Gott leid, dass er die Menschen gemacht hatte. Und er sprach zu sich: „Ich will die Menschen mitsamt der Erde verderben. Denn sie sind alle von Grund auf verdorben“.
Nur einer war anders: Noach. Er hörte auf Gott und lebte, wie es Gott gefiel.

Da sprach Gott zu Noach: „Bau dir ein Schiff! Denn es wird bald regnen, so viel, dass alles Land im Wasser versinkt. Auch die Blumen und Bäume, sogar die Tiere und Menschen, alles, was lebt, wird ertrinken. Aber dich will ich am Leben erhalten, dich und deine Frau und deine drei Söhne mit ihren Frauen."
Da hörte Noach auf Gott. Und er baute die Arche, ein riesiges Schiff, so hoch wie ein Haus, drei Stockwerke hoch, mit zahllosen Kammern, mit Tür und Fenster und einem richtigen Dach. *Jetzt wird die Arche auf den Berg gestellt.*
Danach sprach Gott: „Nun wähle von allen Tieren je ein Paar aus und bringe sie in die Arche hinein! Denn auch sie will ich am Leben erhalten." Und schon kamen sie an, Löwen und Schafe, auch Vögel und Käfer, alles, was kriecht und was Beine hat. *Jetzt können Eltern und Kinder die Tiere in die Arche wandern lassen.*
Von allem brachte Noach je ein Paar in die Arche, wie Gott gesagt hatte. Auch schaffte er für die Tiere gewaltige Mengen an Futter herbei. Dann ging Noach selbst in die Arche hinein, er, seine Frau und seine drei Söhne mit ihren Frauen. Und Gott schloss die Tür zu. *Noach und seine Frau in die Arche setzen und die Leiter einziehen.*
Sieben Tage lang blieb es still auf der Erde. Dann verschwand die Sonne hinter den Wolken. Der Himmel wurde ganz schwarz und ein furchtbarer Regen brach los. Es schüttete, es goss in Strömen. Die Flüsse traten über die Ufer. Sie überschwemmten das Land. *Blaue Tücher über das Land am Fuße des Berges breiten.* Menschen und Tiere ertranken. Bald stand alles Land unter Wasser. Und immer noch hörte der Regen nicht auf. Das Wasser stieg höher und höher, bis zu den höchsten Bergen empor. Schließlich war nichts mehr zu sehen, nur Wasser – ein unendliches Meer. *Blaue Tücher über den Berg legen.* Aber die Arche schwamm auf dem Meer, ruhig und sicher. Kein Tropfen Wasser drang in sie ein.
Vierzig Tage lang dauerte der furchtbare Regen. Da dachte Gott an Noach und setzte dem Regen ein Ende. Der Himmel riss auf. Die Wolken verschwanden. Und am blauen Himmel strahlte die Sonne. Aber noch war alles Land von den Fluten bedeckt. Tage und Wochen vergingen. Das Wasser sank nur ganz langsam. Die Arche trieb immer noch ziellos dahin. Endlich, nach vielen Wochen, lief sie auf einen Berg auf. Der lag noch ganz unter Wasser. Aber nach und nach trat die Spitze des Berges aus dem Wasser hervor.
Nun wusste Noach: Bald ist es so weit. Er öffnete das Fenster und ließ eine Taube hinausfliegen. Aber am Abend kam die Taube zurück. Sie hatte kein Futter gefunden. Da wartete Noach noch eine Woche. Danach ließ er noch einmal die Taube hinausfliegen. Und wieder

kam sie zurück. Aber diesmal hielt sie ein Ölblatt im Schnabel, als wollte sie sagen: „Seht doch, die Bäume tragen schon wieder Blätter!“
Noch eine Woche verging. Danach ließ Noach noch einmal die Taube hinausfliegen. Aber diesmal kam sie nicht mehr zurück. Da deckte Noach das Dach ab und schaute hinaus. Und sieh da: Das Land war überall trocken. *Blaue Tücher wieder wegnehmen.* Und Gott sprach zu Noach: „Nun geh aus der Arche, du und deine Frau und deine drei Söhne mit ihren Frauen, dazu alle Tiere!“ Da machte Noach die Türe weit auf. Menschen und Tiere stürmten hinaus. Wie schön war die Erde wieder! So schön wie am Anfang! Aus dem Boden sproß grünes Gras. Und überall blühten Blumen. *Nun dürfen alle wieder aus der Arche aussteigen und die Erde bevölkern!*
Da baute Noach einen Altar und brachte Gott Opfer. Gott hatte sein Versprechen gehalten und alle am Leben erhalten, Menschen und Tiere. Wie dankbar war Noach dafür! Aber was hatte Gott in Zukunft mit ihnen vor? Würde er die Erde noch einmal vernichten?
Doch Gott sprach zu Noach: „Ich will die Erde nicht mehr verderben. Nie mehr soll es so eine große Flut geben. Solange die Erde steht, soll nicht aufhören Saat und Ernte, Frost und Hitze, Sommer und Winter, Tag und Nacht. Und wenn noch einmal ein großes Unwetter kommt, so dass ihr euch fürchtet, dann schaut auf zum Himmel! Dort steht in den Wolken mein Bogen. Er ist das Zeichen, dass ich mein Versprechen halte.“
Mit den bunten Tüchern wird nun um die „Erde“ herum ein Regenbogen gelegt . Und als Noach aufschaute, sah er am Himmel einen großen Regenbogen. Der spannte sich über die Erde, von einem Ende zum anderen, und leuchtete in allen Farben.
Da dankte Noach Gott für sein großes Versprechen. Und er fing wieder von vorn an. Er pflügte die Erde, legte Äcker und Weinberge an, säte und pflanzte. Und Gott ließ wachsen und reifen, was er gepflanzt hatte.
(Schrifttext Gen 6-9: „Noach und die Arche“, aus: Irmgard Weth, Neukirchener Kinder-Bibel, mit Bildern von Kees de Kort, 12. überarb. Aufl. in neuer Rechtschreibung, Kalenderverlag des Erziehungsvereins, Neukirchen- Vluyn, 2000)

Nach dieser langen und spannenden Geschichte wollen wir nun gemeinsam das Lied vom Regenbogen singen. Und wenn wir da vom Lachen und Tanzen singen, wollen wir das auch genau so fröhlich tun!
Singen unterm Regenbogen, Singen das steckt an.
Seht den bunten Regenbogen, freut euch mit daran.

Ich fang an! Du bist dran! Jeder singt, so laut er kann.
Ich fang an! Du bist dran! Ja singen das steckt an.

Lachen unterm Regenbogen, Lachen das steckt an.
...
Tanzen unterm Regenbogen, Tanzen das steckt an.
...

▷ Katechese
Wer von euch hat schon einmal einen richtigen Regenbogen gesehen? Wie sieht denn so ein Regenbogen aus? (...) Der ist schön bunt, mal blasser, mal kräftiger in den Farben und, wie der Name schon sagt, er ist gebogen. So ein Regenbogen verbindet Himmel und Erde. Wir haben eben in der Geschichte von Noach gehört, dass Gott den Menschen den Regenbogen geschenkt hat, als Zeichen seines Bundes, den er mit den Menschen geschlossen hat. Ein Bund, was ist das denn? Wenn zwei Menschen heiraten, sagt man: Die schließen den Bund fürs Leben. Das Wort Bund kommt von verbinden. Wenn ich etwas miteinander verbinde, dann heißt das, es gehört zusammen. Wenn zwei Menschen den Bund fürs Leben schließen, zeigen sie damit: Wir wollen für immer zusammen bleiben! So wollte Gott Noach und auch uns heute zeigen: Gott und die Menschen gehören zusammen. Ich vertraue euch meine Erde an, bewahrt sie und haltet Frieden untereinander! Gott hat uns den Regenbogen als Zeichen des Bundes gegeben, damit wir immer wieder daran erinnert werden, dass er uns nicht vergisst. Gleichzeitig sollen wir aber auch darüber nachdenken, ob wir auf dem richtigen Weg sind, ob wir so leben, wie Gott es sich von uns wünscht. Gehen wir sorgsam mit seiner Erde um, halten wir Frieden untereinander, oder besteht unser Leben nur aus Zank und Streit? Gott liebt uns Menschen und gibt uns immer wieder die Gelegenheit, auf den richtigen Weg zurückzukehren. Daran soll uns der Regenbogen erinnern.
Bevor wir gemeinsam das Vaterunser beten, wollen wir die letzte Strophe vom Regenbogenlied singen. Dazu nehmen wir jetzt die bunten Tücher, halten sie zwischen uns und bilden so einen großen, bunten Regenbogen!
Danken unterm Regenbogen, weil uns Gott verspricht
mit dem bunten Regenbogen: Er vergisst uns nicht.
Schaut ihn an! Freut euch dran. So viel Farben sind zu sehn.
Schaut ihn an! Freut euch dran. Er ist so wunderschön.
(Text: Rolf Krenzer; Musik: Detlev Jöcker; aus: CD, MC und Buch „Wir kleinen Menschenkinder“, Rechte: Menschenkinder Verlag, Münster)

3. Der Turmbau zu Babel

Vorbereitung

- Liedzettel
- ausreichend Holzbausteine für einen hohen Turm
- grüne und braune Tücher
- Bild vom Turm zu Babel, z. B. aus: Bibel Bilder Lexikon (S. 61), hrsg. von Christoph Dohmen, Verlag Katholisches Bibelwerk, Stuttgart

Vor dem Gottesdienst werden in der Mitte braune und grüne Tücher ausgelegt, die das Land symbolisieren. Darauf wird mit Holzbausteinen die Stadt Babel mit einigen Häusern und einer Stadtmauer gebaut.

Ablauf

▷ Eröffnung

▷ Begrüßung

▷ Anzünden der Kerze

▷ Gemeinsames Kreuzzeichen

▷ Lied
– SL 151: Gottes Liebe ist so wunderbar (Negro Spiritual, Rechteinhaber unbekannt)

▷ Einführung
Der Turm zu Babel, ein gewaltiges Bauwerk

▷ Schrifttext
Der Turm von Babel, nach Gen 11,1-9 aus: Irmgard Weth, Neukirchener Kinder-Bibel, mit Bildern von Kees de Kort, 12. überarb. Aufl. in neuer Rechtschreibung, Kalenderverlag des Erziehungsvereins, Neukirchen- Vluyn, 2000.

▷ Katechese
Eltern und Kinder bauen einen großen Turm.
Immer größer, höher, weiter; das ist das Bestreben der Menschen überhaupt. Gott zeigt den Menschen in dieser Geschichte ihre Grenzen auf.

▷ Lied
– kommt und singt 354: Der Turm zu Babel (Text: Dieter Trautwein; Melodie: Dieter Trautwein und Seminargruppe Frankfurt; aus: Watkinson, 111 neue Kinderlieder; Rechte beim Christophorus Verlag, Freiburg und Verlag Ernst Kaufmann, Lahr)

▷ Fürbitten

▷ Vaterunser

▷ Segen/Kindersegen

▷ Lied
– SL 220: Zieh den Kreis (Text und Musik: Dr. Hans-Georg Surmund; aus: „Weitersagen", Rechte beim Impulse – Musikverlag, Drensteinfurt)

Elemente für den Gottesdienst

▷ Einführung
Heute wollen wir euch eine ganz alte Geschichte aus der Bibel erzählen, die im übertragenen Sinn auch in unserer Zeit noch ganz aktuell ist. In dieser Geschichte geht es um einen großen Turm. Ich habe euch ein Bild dieses Turmes mitgebracht. So hat der Turm zu Babel damals ausgesehen. Das war schon ein gewaltiges Bauwerk. Was es damit auf sich hatte, wollen wir jetzt hören.

▷ Schrifttext
Bald ga es wieder viele Menschen auf der Erde. Sie sprachen dieselbe Sprache und wohnten in Zelten. Wo es ihnen gefiel, schlugen sie ihre Zelte auf und ließen sich nieder. Eines Tages zogen sie nach Osten und kamen in die Ebene Sinear, in ein weites und fruchtbares Land. Da riefen die Menschen: „Hier gefällt es uns. Hier wollen wir bleiben!" Und sie sagten zueinander: „Auf, worauf warten wir noch? Wir wollen Häuser bauen aus festen Steinen, richtige Häuser mit Dächern, Fenstern und Türen."
Und sogleich fingen sie an. Sie formten Steine aus Lehm, brannten sie in der Hitze und fügten die Steine zusammen. Aber die Menschen riefen: „Auf, wir bauen noch mehr! Eine Stadt wollen wir bauen mit Häusern, Straßen und Plätzen und einer Mauer ringsum. Dann bleiben wir für immer zusammen!" Und sogleich fingen sie an und bauten die Stadt Babel, eine riesige Stadt mit vielen Häusern, Straßen, Plätzen und einer dicken Mauer ringsum. Aber die Menschen riefen: „Auf, wir können noch mehr! Einen Turm wollen wir bauen, so hoch wie der Himmel! Dann sind wir die Größten, und alle Welt

redet später von uns." „Ja, das ist gut!" riefen alle begeistert. „Auf, worauf warten wir noch?" Und sogleich fingen sie an und schleppten eifrig Steine herbei und setzten einen Stein auf den anderen. Der Turm wuchs. Er wurde höher und höher. Bald ragte er über die ganze Stadt. Aber die Menschen riefen: „Noch höher! Viel höher! So hoch wie der Himmel! Wir geben nicht auf."

An dieser Stelle wird der Schrifttext unterbrochen und Eltern und Kinder werden eingeladen, mit den Holzbausteinen den Turm zu Babel gemeinsam zu bauen. Wie groß wird der Turm? Hält er, oder bricht er zusammen . . .!?

Aber Gott sah herab auf den Turm und die Stadt. Er sah, was die Menschen planten. Da sprach er zu sich: „So sind die Menschen. Immer mehr wollen sie haben. Nie ist es ihnen genug. Am Ende wollen sie wie Gott selbst sein." Und Gott ließ geschehen, was keiner gedacht hätte: Die Menschen bekamen untereinander Streit. Keiner konnte mehr den anderen verstehen. Jeder Sprach nur noch seine eigene Sprache. Schließlich sprach niemand mehr mit dem andern. Da warfen die Leute ihre Arbeit hin und zogen aus der Stadt, jeder in eine andere Richtung. Der Turm aber blieb zurück, halb fertig und verlassen. Und alle, die später vorübergingen, zeigten auf ihn und sagten: „Seht doch der Turm von Babel! Seht, was sich die Menschen damals ausgedacht haben! Sie wollten zusammenhalten. Aber sie wurden zerstreut. Sie wollten groß und stark sein. Doch was ist von ihnen geblieben?"

(Der Turm von Babel, nach Gen 11,1-9 aus: Irmgard Weth, Neukirchener Kinder-Bibel, mit Bildern von Kees de Kort, 12. überarb. Aufl. in neuer Rechtschreibung, Kalenderverlag des Erziehungsvereins, Neukirchen- Vluyn, 2000)

▷ Katechese

Das war ein baulustiges Volk damals in Babel! Erst bauten sie ein paar Häuser, dann eine ganze Stadt. Zufrieden waren sie immer noch nicht! Ein Turm musste her, so hoch wie der Himmel!

Immer größer, höher, weiter wollten sie hinaus. Sie waren nicht mehr zufrieden mit dem, was sie hatten. Das ist bei uns heute auch oft noch so, dass wir nicht mit dem zufrieden sind, was wir haben und immer mehr wollen. Bei euch Kindern ist es sicher häufig der Wunsch nach noch mehr Spielzeug, nach dem neuesten Modell beim Fahrrad. Rollschuhe sind out, heute fährt man Inlineskates. Bei uns Erwachsenen ist es übertragen auf den Turm von Babel z. B. der Fortschritt in der Medizin, in der Technik, in der Raumfahrt. Alles scheint machbar. Wie heißt es in der Geschichte: „Am Ende wollen sie wie Gott

selbst sein!“ Aber der liebe Gott zeigt den Menschen in Babel Grenzen auf! Was passierte damals? (…) Die Menschen gerieten untereinander in Streit, keiner verstand mehr den anderen, der Turm wurde nicht fertig, die Menschen zogen fort von diesem Ort. Wir sind mit unserem Turmbau auch eben an eine Grenze gestoßen. Als unser Turm eine gewisse Höhe erreicht hatte, ist er nämlich umgekippt. Das zeigt uns, dass das Streben der Menschen nach immer höheren Zielen auch eine zerstörerische Eigendynamik entwickeln kann. Hier bei uns ist der Turm eingestürzt, bei den Menschen in Babel ist die Gemeinschaft zerbrochen. Bei dem Bestreben immer mehr zu wollen, bleibt das Wichtigste auf der Strecke: das Miteinander der Menschen. Denn was nützen mir die tollsten Inliner und das neueste Fahrrad, wenn ich keinen habe, der mit mir zusammen fährt. Auf die Dauer ist es nämlich langweilig, wenn man immer alleine dasteht. Auch bei den Erwachsenen muss das Miteinander dem Gegeneinander den Rang ablaufen. Sie kennen das aus dem Berufsleben, dass diejenigen, die dem Leistungsdruck nach immer höheren und weiteren Zielen nicht standhalten, leicht ins Abseits geraten, dass Freunde in solchen Situationen zu erbitterten Konkurrenten werden. Dabei will Gott, dass wir miteinander und nicht gegeneinander leben, dass sich jeder mit seinen Fähigkeiten in die Gemeinschaft einbringt.
(…)

Es gibt ein Lied, dass vom Turmbau zu Babel erzählt. Lasst uns das doch gemeinsam singen.
Der Turm zu Babel, der Turm zu Babel, der Turm zu Babel ist riesengroß!

1. *Was wollen dort die Leute bloß? Hinauf bis an den Himmel und Gottes Nachbarn sein, sich einen Namen machen. Drum bauen sie Stein auf Stein.*
2. *Doch plötzlich geht die Hölle los. Die Leute schreien zornig, kein Wort ist zu verstehn; sie laufen auseinander, auf Nimmerwiedersehn.*
3. *Doch Gott im Himmel lachte bloß, verwirrt der Menschen Worte, zerstreut sie in die Welt. Und was ihr Stolz gewesen, der große Turm zerfällt.*
4. *Der Turm zu Babel war riesengroß. Doch Gott im Himmel lacht nicht bloß, kommt selber zu den Menschen, will unser Nachbar sein. Und seinen großen Namen schenkt er uns obendrein.*

5. *Der Menschen Freude ist riesengroß. Wie heißt der neue Name bloß? Das ist der Christus- Name, bekannt bei groß und klein. Wir können uns verstehen und gute Nachbarn sein.*

(kommt und singt 354: Der Turm zu Babel; Text: Dieter Trautwein, Melodie: Dieter Trautwein und Seminargruppe Frankfurt; aus: Watkinson, 111 neue Kinderlieder; Rechte beim Christophorus Verlag, Freiburg und Verlag Ernst Kaufmann, Lahr)

▷ Fürbitten

Lieber Gott, die Geschichte der Menschen von Babel ist zwar schon sehr alt, aber auch heute noch aktuell! Auch wir wollen heute immer höher hinaus mit unseren Wünschen und Zielen. Alles scheint machbar! Deshalb bitten wir dich:

– Zeige uns unsere Grenzen, wenn wir Gefahr laufen, das Maß zu verlieren.
– Wecke in den Menschen, die in Forschung und Technik Verantwortung tragen, Respekt vor deiner Schöpfung und hilf ihnen, ihre Grenzen zu erkennen, auch wenn mehr möglich scheint.
– Wecke in uns die Bereitschaft, auch mal auf das ein oder andere zu verzichten.
– Stärke unter uns das Miteinander und gib uns die Offenheit, uns einander mit unseren Fähigkeiten anzunehmen.

Guter Gott, du liebst uns Menschen und willst, dass wir in Frieden miteinander leben. Du bist immer um uns in Sorge und hältst uns in deiner liebenden Hand. Dafür sagen wir dir Danke, heute und jeden Tag.

4. Abraham zieht in das verheißene Land

Vorbereitung

- Liedzettel
- einen Umzugskarton
- blaue, braune, grüne und gelbe Tücher zur Weggestaltung
- Figuren für Abraham und Familie, Tiere, Pferd und Wagen (z. B. Ostheimer)

Während der Bibeltext vorgelesen wird, kann mit Hilfe der Tücher und der Figuren der Weg Abrahams gespielt werden. Dabei werden blaue Tücher für den Ausgangsort, braune für den langen Weg und gelbe und grüne für das verheißene Land ausgelegt. Diese Gestaltung veranschaulicht den Text, macht ihn sinnlich erfahrbar, ist aber, wenn die Materialien nicht vorhanden sind, nicht zwingend erforderlich für den Verlauf des GD.

Ablauf

▷ Eröffnung

▷ Begrüßung

▷ Anzünden der Kerze

▷ Gemeinsames Kreuzzeichen

▷ Lied
– GL 505: Du hast uns, Herr, gerufen

▷ Einführung
Umziehen; fortgehen. Was nehme ich mit?

▷ Schrifttext „Abraham", aus: Hellmut Haug, Das große Bibelbilderbuch, Deutsche Bibelgesellschaft Stuttgart, 1994 (S. 34–39)

▷ Lied
– kommt und singt 351: Abraham, Abraham (Text: Anna Lam; Melodie: Wim ter Burg; aus: Alles wordt niew, Rechte: Verlag G. F. Callenbach, NL 3860 Nijkerk (AWN II, 3) Übertr: Diethard Zils, aus: Neue Kinderlieder, BE 807, R- Übertr: Gustav Bosse Verlag, Regensburg)

▷ Katechese
Abraham macht sich auf Gottes Wort hin auf den Weg. Er weiß nicht, was ihn erwartet, aber er hat Vertrauen.

▷ Fürbitten, dazwischen

▷ Lied
– SL 218: Das wünsch ich sehr (Text: Kurt Rose; Musik: Detlev Jöcker; aus: „Licht auf meinem Weg“, Rechte: Menschenkinder Verlag, Münster)

▷ Vaterunser

▷ Segen, Kindersegen

▷ Lied
– kommt und singt 250: Wenn wir jetzt weitergehen (Text und Musik: Kurt Rommel; aus: „Gott schenkt Freiheit“, Burkhardthaus Verlag, Rechteinhaber: Text: Strube Verlag GmbH, München, Musik: Christophorus Verlag, Freiburg)

Elemente für den Gottesdienst

▷ Einführung
Ich habe euch hier etwas mitgebracht. Was mag das wohl sein? (*Umzugskarton*)
Das ist ein großer Karton. Wisst ihr, wozu man solch einen großen Karton braucht? Den braucht man, um Sachen einzupacken. Da passt eine ganze Menge rein!
Wer von euch ist denn schon einmal umgezogen? (...)
Da habt ihr bestimmt auch so große Kartons gehabt, in die ihr alles eingepackt habt? Wenn man von einer Wohnung in eine andere zieht, dann nimmt man normalerweise alles mit: Möbel, Kleider, Spielzeug ...
Jetzt stellt euch mal vor, es käme heute jemand zu euch und euren Eltern und würde sagen: „Geht in eine andere Stadt, aber nehmt nur das Nötigste mit!“ Was würdet ihr dann einpacken? Sicher die Sachen, die euch am Liebsten sind?! (...)
In der Bibel steht eine Geschichte von einem Mann, dem so etwas passiert ist. Er wurde weggeschickt in ein fremdes Land und durfte nur das Nötigste mitnehmen. Es ist die Geschichte von Abraham.

▷ Schrifttext
Am großen Fluss wohnt Abraham. Seine Frau heißt Sara. Hier haben sie ihr Haus. In der Nähe wohnen ihre Verwandten, ihre Brüder und

Schwestern mit ihren Kindern. Abraham und Sara sind schon alt. Sie haben keine Kinder.
Gott sagt zu Abraham: „Geh fort von hier! Lass alles zurück, dein Haus und deine Verwandten! Ich bringe dich in ein anderes Land. Ich will dich segnen. Ich mache dich zum Vater von einem großen Volk!"
Abraham tut das, was Gott ihm sagt. Er macht sich auf den Weg. Seine Frau Sara geht mit und auch sein Neffe Lot. Auch seine Tiere kommen mit und dazu die Männer, die für die Tiere sorgen.
Die Reise dauert lange. Sie kommen durch viele Städte und Länder. Jetzt sind sie im Land Kanaan. Gott sagt zu Abraham: „Dies ist das Land! Ich gebe es dir und deinen Kindern." Abraham baut einen Altar für Gott. Er opfert ein Tier und dankt ihm.
(„Abraham", aus: Hellmut Haug, Das große Bibelbilderbuch, Deutsche Bibelgesellschaft Stuttgart, 1994, S. 34-39)

Von dieser Geschichte, die wir gerade gehört haben, erzählt auch ein Lied: Abraham! Das wollen wir jetzt gemeinsam singen.
1. Abraham, Abraham, verlass dein Land und deinen Stamm!
Mach dich auf die lange Reise, in ein Land, das ich dir weise.
Du sollst gegen allen Schein, Vater eines Volkes sein.
2. Abraham, Abraham, verlass dein Land und deinen Stamm.
Ich versprech dir meinen Segen, bin mit dir auf allen Wegen,
alle Menschen groß und klein, sollen in dir gesegnet sein.
3. Abraham, Abraham, verlässt sein Volk und seinen Stamm!
Auf das Wort hin will er's wagen, ohne Klagen, ohne Fragen
steht er auf und zieht er fort, Kompass ist das Gotteswort.
(kommt und singt 250: Wenn wir jetzt weitergehen; Text und Musik: Kurt Rommel; aus: „Gott schenkt Freiheit", Burkhardthaus Verlag, Rechteinhaber: Text: Strube Verlag GmbH, München; Musik: Christophorus Verlag, Freiburg)

▷ Katechese
Eben haben einige von euch erzählt, dass sie schon einmal oder mehrmals umgezogen sind. Wer von euch ist denn in eine ganz fremde Stadt gezogen? Könnt ihr euch noch ein bisschen daran erinnern, wie das war? (...)
Einerseits habt ihr euch bestimmt auf die neue Wohnung gefreut, vielleicht habt ihr endlich ein eigenes Zimmer bekommen, oder bei der neuen Wohnung gab es einen großen Garten, einen tollen Spielplatz in der Nähe ...
Andererseits war der ein oder andere bestimmt ein bisschen traurig, die Freunde mit denen man immer gespielt hatte, der schöne Kin-

dergarten, der nette Nachbar nebenan, all dies musstet ihr zurücklassen. Vielleicht war auch ein bisschen Angst dabei: Wie ist der neue Kindergarten, die neue Schule, werde ich wieder Freunde finden, ich kenne dort doch noch gar keinen ...
Ich denke, genauso wird sich Abraham gefühlt haben! Wir haben eben in der Geschichte gehört, dass Abraham und Sara schon alt waren und keine Kinder hatten.
Eigentlich hätten sie in aller Ruhe am Fluss in ihrem Haus bleiben können. Aber dann sagt Gott etwas zu Abraham, was ihn in Bewegung bringt. Wer weiß noch, was Gott gesagt hat? (...)
„Geh fort von hier! Lass alles zurück, dein Haus und deine Verwandten! Ich bringe dich in ein anderes Land. Ich will dich segnen."
Und Abraham? Der tut, was Gott ihm gesagt hat und macht sich mit seiner Frau Sara auf den Weg. Seinen Neffen nimmt er noch mit und seine Tiere und die Männer, die für die Tiere sorgen. Er nimmt also nur das Notwendigste mit!
Ein wenig komisch war ihm bestimmt dabei, denn er wusste ja gar nicht, wohin er gehen sollte. Es wurde eine lange Reise, aber Abraham wusste: Wir sind nicht allein! Gott hat mir gesagt, ich soll in ein anderes Land ziehen und er will mich segnen. Also ist Gott bei uns, er segnet uns und beschützt uns auf unserem Weg. Er wird mir auch sagen, wenn wir das Land erreicht haben, das er für uns bestimmt hat.
Und richtig, als sie im Land Kanaan angekommen sind, sagt Gott ihm: „Dies ist das Land." Und Abraham dankt Gott, dem er die ganze Zeit vertraut hat.
Die Geschichte von Abraham will uns etwas ganz Wichtiges sagen: Gott ist mit uns auf dem Weg, er ist bei uns, egal, wo wir gerade sind, was wir gerade tun!
Er beschützt uns, weil er uns lieb hat. Er ist bei uns, wenn wir uns freuen, aber auch, wenn wir traurig sind. Er lässt uns nicht allein!

Der liebe Gott hat uns lieb, darum dürfen wir auch mit unseren Bitten zu ihm kommen. Es gibt ein Lied, das eine Bitte an den lieben Gott richtet, die er uns sicher gerne erfüllt:
Das wünsch ich sehr, dass immer einer bei mir wär, der lacht und spricht: „Fürchte dich nicht!"
Dieses Lied wollen wir zwischen den einzelnen Fürbitten gemeinsam singen.

▷ Fürbitten
Lieber Gott, du hast uns diese Kinder anvertraut, damit wir sie auf ihrem Lebensweg begleiten. Wir bitten dich voll Vertrauen für unsere Kinder:

- Sei du, Herr, vor ihnen, um ihnen den rechten Weg zu zeigen.
- Sei du, Herr, neben ihnen, um sie in die Arme zu schließen und sie zu schützen, gegen Gefahren von rechts und von links.
- Sei du, Herr, hinter ihnen, um sie zu bewahren vor der Heimtücke böser Menschen.
- Sei du, Herr, unter ihnen, um sie aufzufangen, wenn sie fallen und sie aus der Schlinge zu ziehen.
- Sei du, Herr, in ihnen, um sie zu trösten, wenn sie traurig sind.
- Sei du, Herr, um sie herum, um sie zu verteidigen, wenn andere über sie herfallen.
- Sei du, Herr, über ihnen, um sie zu segnen.

Lieber Gott, wir danken dir, dass du immer für uns da bist. Wir bitten dich: Lass in allem, was wir tun, deinen Segen auf uns ruhen.
(Diese Bitten sind aus einem altchristlichen Segensgebet zusammengestellt)

▷ Vaterunser

▷ Segen/Kindersegen

▷ Lied nach der Melodie: Du hast uns, Herr, gerufen
1. Wenn wir jetzt weitergehen, dann sind wir nicht allein.
Der Herr hat uns versprochen bei uns zu sein.
2. Wir nehmen seine Worte und Taten mit nach Haus.
Und richten unser Leben nach seinem aus.
3. Er hat mit seinem Leben gezeigt, was Liebe ist.
Bleib bei uns heut und morgen, Herr Jesus Christ.
(kommt und singt 250: Wenn wir jetzt weitergehen, Text und Musik: Kurt Rommel, aus: „Gott schenkt Freiheit“, Burkhardthaus Verlag, Rechteinhaber: Text: Strube Verlag GmbH, München, Musik: Christophorus Verlag, Freiburg)

5. Josef und seine Brüder

Vorbereitung

- Liedzettel
- Farbkopien aus Hellmut Haug, Das große Bibelbilderbuch, Band 1, Deutsche Bibelgesellschaft Stuttgart, 1994, („Josef")
- evtl. Handpuppe „Kirchenmaus"

Wir benutzen in unseren Gottesdiensten immer wieder gerne unsere Handpuppe „Christopher Kirchenmaus", die eine Mutter ganz zu Anfang unserer Gottesdienste genäht hat. Christopher kennt sich richtig gut aus, wenn es um Jesus und den lieben Gott geht. Außerdem kann er ganz toll Geschichten erzählen und das lieben die Kinder an ihm! Eine solche Handpuppe kann als Medium eingesetzt werden, um die Aufmerksamkeit der Kinder zu wecken für das, was erzählt wird. Für den vorliegenden Gottesdienst ist sie nicht zwingend notwendig, bereitet aber sicherlich den Kindern Freude.
Die Bilder aus dem Bibelbilderbuch sollten passend zum vorliegenden Text auf ca. DIN A 3 hoch kopiert werden.

Ablauf

▷ Eröffnung

▷ Begrüßung

▷ Anzünden der Kerze

▷ Gemeinsames Kreuzzeichen

▷ Lied
– SL 3: Es läuten alle Glocken (Text: H. Bergmann; Musik: H. Wortmann; aus SU 330 „Pfälzer Kindermesse", Rechte beim Studio Union im Lahn Verlag, Limburg)

▷ Einführung
Geschichte aus dem Alten Testament, die vom Verzeihen erzählt.

▷ Zusammenfassende Geschichte von Josef und seinen Brüdern nach: Isolde Schmidt- Menzel und Cornelia Keller, „Maus, erzähl mir was vom lieben Gott", Biblische Geschichten, XENOS Verlagsgesellschaft, Hamburg)

▷ Katechese
Vergeben können, auch wenn einem großes Unrecht widerfahren ist.

▷ Lied
Wenn einer den Frieden beginnt (Text: Rolf Krenzer; Musik: Detlev Jöcker; aus: CD, MC und Buch: „Deine Welt ist meine Welt“, Rechte beim Menschenkinder Verlag, Münster)

▷ Vaterunser

▷ Segen/Kindersegen

▷ Lied

– SL 249: Halte zu mir, guter Gott (Text: Rolf Krenzer; Musik: Ludger Edelkötter; aus: „Halte zu mir heute“, Rechte beim Impulse-Musikverlag, Drensteinfurt)

Elemente für den Gottesdienst

▷ Einführung
Heute haben wir euch zum Krabbel- und Kindergottesdienst eine Geschichte mitgebracht, die im Alten Testament aufgeschrieben ist. Das Alte Testament ist der Teil der Bibel, in dem die Geschichten von Gott und den Menschen zu finden sind, die sich schon lange vor Jesu Geburt ereignet haben. Damals lebte ein Mann mit Namen Josef. Und was dieser Josef erlebte, das will ich euch jetzt erzählen.
Wenn in diesem Gottesdienst eine Handpuppe eingesetzt wird, erzählt diese die Geschichte.
Zu der Geschichte von Josef und seinen Brüdern gibt es auch Bilder, die wir uns beim Zuhören anschauen wollen.

▷ Geschichte
Bild : Josef mit Jakob und die anderen Brüder
Im Lande Kanaan lebte einmal ein Mann, der hieß Jakob. Er hatte zwölf Söhne. Sein zweitjüngster Sohn hieß Josef, und Jakob liebte ihn ganz besonders.
Während seine großen Brüder die Viehherden ihres Vaters hüten mussten, durfte Josef meist zu Hause beim Vater bleiben. Das machte seine Brüder natürlich eifersüchtig und neidisch. „Unser Vater ist ungerecht“, sagten sie, „immer zieht er Josef uns vor!“ Als sie wieder einmal die Tiere ihres Vaters hüteten, sahen sie von weitem ihren Bruder Josef kommen. Er sollte nachsehen, ob auf der Weide alles in Ordnung war. Als sie ihn erblickten, sagte einer: „Seht nur, da kommt ja Papas Liebling! Los, dem werden wir es zeigen. Das ist eine günstige Gelegenheit. Hier draußen merkt das doch keiner.“

Bild: Die Brüder werfen Josef in ein Wasserloch
Und als Josef bei ihnen angekommen war, stürzten sie sich auf ihn und warfen ihn in ein ausgetrocknetes Wasserloch.
Das war schon ganz schön gemein, meint ihr nicht? Zehn Große gegen einen Kleinen. Aber es kommt noch schlimmer:

Bild: Josef wird verkauft
Sie überlegten gerade, was sie mit Josef tun sollten, als eine Gruppe von Kaufleuten vorbeigezogen kam. „Hallo", riefen sie, „könnt ihr nicht einen Diener oder Knecht gebrauchen? Für zwanzig Silberstücke verkaufen wir euch einen kräftigen jungen Mann." Die Kaufleute waren einverstanden, bezahlten und nahmen Josef mit.
Seine Brüder aber überlegten, was sie jetzt dem Vater sagen sollten. Sie mussten ihm doch irgendwie erklären, warum Josef so plötzlich verschwunden war.
Da kam ihnen eine Idee. Sie hatten noch Josefs Mantel. Den tauchten sie in Tierblut und nahmen ihn mit nach Hause. „Sieh nur, Vater", sagten sie, „das ist doch Josefs Mantel. Wir haben ihn in der Wüste gefunden. Bestimmt ist unser Bruder von einem wilden Tier angefallen und aufgefressen worden." Jakob glaubte seinen Söhnen die gelogene Geschichte und weinte tagelang, weil er dachte, sein Lieblingssohn sei tot.

Bild: Ägypten
Mittlerweile hatten die Kaufleute Josef nach Ägypten mitgenommen und ihn dort weiterverkauft. Wisst ihr, wo Ägypten ist?
Ägypten ist ein Land in Nordafrika. Dort gibt es Pyramiden. Das sind ganz großartige Bauwerke. Die Pharaonen, so nannte man dort die Könige, ließen sie schon zu Lebzeiten als ihre Grabstätten bauen.
Josef erlebte allerhand in Ägypten. Er wurde sogar ins Gefängnis gebracht, obwohl er gar nichts Böses getan hatte.

Bild: Josef und der Pharao
Als aber nach langer Zeit eine große Hungersnot über das Land kam, ließ der Pharao Josef zu sich holen, denn man hatte ihm schon viel über seine Klugheit und Weisheit erzählt. Und tatsächlich hatte Josef einen Plan, wie man die Menschen vor dem Verhungern retten konnte. Er ließ riesige Kornspeicher bauen und das Getreide sammeln, das in den letzten Jahren reichlich gewachsen war.

Bild: Das Korn wird verteilt
Als dann die Hungersnot am größten war, wurde das Korn an die Menschen verteilt. Niemand brauchte zu verhungern, denn die Vor-

räte reichten für alle. Josef wurde vom Pharao beauftragt, den Verkauf des Getreides zu überwachen.
Aber es herrschte nicht nur in Ägypten große Not. Auch im Lande Kanaan hatten die Menschen nichts mehr zu essen. Deshalb machten sich eines Tages zehn junge Männer auf den Weg nach Ägypten, um dort Getreide einzukaufen.
Könnt ihr euch denken, wer diese Männer waren?
Das waren Josefs ältere Brüder! Was wird da wohl passiert sein?

Bild: Josef und seine Brüder
Josefs Brüder haben ihn zuerst gar nicht erkannt. Aber Josef erkannte sie sofort und er bemerkte, dass sie sich in der Zwischenzeit geändert hatten. Sie waren nicht mehr so grausam und herzlos wie damals, als sie ihn verkauft hatten.
Als er ihnen dann erklärt hatte, dass er ihr Bruder Josef war, erschraken sie sehr. Natürlich konnten sie sich nicht vorstellen, dass er ihnen jemals verzeihen würde. Aber Josef sagte: „Lasst uns vergessen, was früher geschehen ist. Gott hat für mich gesorgt, als es mir schlecht ging. Seht nur, jetzt bin ich ein Freund des Pharao und einer der wichtigsten Männer im Land Ägypten. Geht nach Hause und erzählt es unserem Vater Jakob, und bringt ihn und die ganze Familie nach Ägypten. Hier wird es euch gut gehen. Ich werde für euch sorgen."
(Nach: Isolde Schmidt- Menzel und Cornelia Keller, „Maus, erzähl mir was vom lieben Gott", Biblische Geschichten, XENOS Verlagsgesellschaft, Hamburg)

▷ Katechese
Das war ja eine ganz spannende Geschichte! Da sind die Brüder neidisch auf Josef, weil der Vater ihn besonders liebt. Das kann man ja noch verstehen. Wenn immer nur der Bruder oder die Schwester bevorzugt wird, dann wird sicherlich jeder von uns irgendwann mal sauer. Aber die Brüder von Josef sind in ihrer Wut damals ein bisschen zu weit gegangen. Erst werfen sie ihren Bruder in ein ausgetrocknetes Wasserloch, dann verkaufen sie ihn und obendrein lügen sie ihren Vater auch noch an!
Und Josef? Der ist mittlerweile in Ägypten gelandet, wo er nicht nur viel erlebt, sondern auch richtig Karriere gemacht hat. So würden wir es heute wohl ausdrücken. Der Pharao hatte großen Respekt vor Josef, weil dieser so klug war und die Klugheit Josefs bewahrte das Land vor einer großen Hungersnot; wir haben es eben in der Geschichte gehört. Dann eines Tages passierte etwas, was diese Geschichte eigentlich so spannend und erzählenswert macht: Josefs

ältere Brüder kommen nach Ägypten, um Getreide zu kaufen. Die Brüder, die damals Josef verkauft haben, stehen ihm jetzt gegenüber und bitten ihn um Korn. Josef hat sie sofort erkannt, während die Brüder nicht wissen, wer vor ihnen steht. Wisst ihr noch, was Josef dann gemacht hat? (...) Er hat ihnen verziehen, nach all dem, was sie ihm angetan haben. Josef sagt: „Lasst uns vergessen, was früher geschehen ist. Gott hat für mich gesorgt, als es mir schlecht ging. Seht nur, wie gut es mir jetzt geht, was ich für ein wichtiger Mann in Ägypten geworden bin. Holt unseren Vater Jakob und die ganze Familie her zu mir, damit ich für euch sorgen kann."
Josef hat da etwas ganz Großartiges getan: Er hat seinen Brüdern verziehen! Josef hat immer auf Gott vertraut und er hat gerade in den schwierigen Situationen seines Lebens, als es ihm gar nicht gut ging, gespürt, dass Gott auf ihn aufpasst, dass er für ihn sorgt. Josef wusste: Gott verzeiht den Menschen und er möchte, dass auch die Menschen einander verzeihen. Genau das sollen wir aus der Geschichte von Josef und seinen Brüdern lernen: Wenn wir einander Unrecht getan haben, sollen wir uns auch wieder verzeihen und nicht auf immer böse miteinander sein. Das darf natürlich nicht heißen, dass wir ständig Mist bauen dürfen, anderen weh tun dürfen, weil die uns ja sowieso wieder verzeihen. Nein, es ist vielmehr eine Chance, ein großes Geschenk an uns, dass alles wieder gut wird, auch wenn wir einem anderen Unrecht getan haben. Dieses Geschenk des Verzeihens können wir uns untereinander machen, aber dieses Geschenk macht auch der liebe Gott uns immer wieder. Zu ihm dürfen wir immer kommen, besonders dann, wenn wir etwas falsch gemacht haben. Wenn wir einsehen, dass wir etwas falsch gemacht haben und darauf vertrauen dürfen, dass uns verziehen wird, dann wird es in unserer Welt bestimmt ein wenig friedlicher.
Auf eurem Liedzettel findet ihr ein Lied, dass genau davon erzählt. Lasst uns dieses Lied singen, bevor wir gemeinsam das Vaterunser beten.
Wenn einer den Frieden beginnt ...

6. Der brennende Dornbusch

Vorbereitung:

- Liedzettel
- Malvorlage vom brennenden Dornbusch für jedes Kind zum Mitnehmen. Gut ist es, wenn diese Malvorlage, vergrößert und ausgemalt, als Bild zur Geschichte vorliegt. Wir haben als Malvorlage ein Clip-art benutzt, das wir entspechend vergrößert haben.

Ablauf

▷ Eröffnung

▷ Begrüßung

▷ Anzünden der Kerze

▷ Gemeinsames Kreuzzeichen

▷ Lied
– SL 224: Wir fangen an, fröhlich zu sein (Text: Rolf Krenzer; Musik: Detlev und Lele Jöcker; aus Liedspielheft und MC: „Und sie fingen an, fröhlich zu sein“, Rechte beim Menschenkinder Verlag, Münster)

▷ Einführung
Gott sagt etwas ganz Wichtiges zu Mose

▷ Schrifttext
Gott sagt: Ich bin da, nach Ex 3,1-14; Textvorlage aus: Elsbeth Bihler, Kommt und seht; Werkbuch zur Erstkommunion- und Beichtvorbereitung für Eltern und Kinder, © Lahn Verlag, Limburg ^{9}1998, S. 32

▷ Katechese
Gut, dass jemand da ist, wenn wir Angst haben, oder vor einer neuen großen Aufgabe stehen. Gott sagt seinen Namen: Ich bin da!

▷ Lied
Wird in die Katechese eingeschoben: – SL 218: Das wünsch ich sehr (Text: Kurt Rose; Musik: Detlev Jöcker; aus: „Licht auf meinem Weg“, Rechte: Menschenkinder Verlag, Münster)

▷ Lied
Nach der Katechese: – SL 221: Wenn einer sagt: „Ich mag dich, du“ (Text und Melodie: Andreas Ebert; aus: „Feiert Gott in eurer Mitte“, Rechte beim Hänssler- Verlag, Neuhausen- Stuttgart)

▷ Gebetsrufe
Dazwischen: – SL 218: Das wünsch ich sehr

▷ Vaterunser

▷ Segen/Kindersegen

▷ Lied
– SL 249 Halte zu mir, guter Gott (Text: Rolf Krenzer; Musik: Ludger Edelkötter; aus: „Halte zu mir heute“, Rechte beim Impulse-Musikverlag, Drensteinfurt)

Elemente für den Gottesdienst

▷ Einführung
Wir haben uns heute hier in der Kirche zum Gottesdienst versammelt. Die Kirche ist das Haus Gottes. Wir glauben, dass wir in diesem Haus dem lieben Gott besonders nah sind. Können wir den lieben Gott denn sehen? Nein, aber er ist trotzdem da! Das hört sich jetzt alles etwas kompliziert an, aber ich habe in der Bibel, im alten Testament – da sind die ganzen Geschichten von Gott und den Menschen aufgeschrieben, die passiert sind, bevor Jesus geboren wurde – die Geschichte von Mose gefunden. Der hatte ein ganz komisches Erlebnis. Gott hat mit Mose gesprochen und ihm was ganz Wichtiges gesagt! Hört mal genau hin!

▷ Schrifttext
Mose lebte in der Wüste. Er war ein Mann aus dem Volk Israel. Vor langer Zeit war er aus Ägypten geflohen. Dort lebte sein Volk in Not und Unterdrückung. Mose hatte es nicht mehr ausgehalten. Er konnte nicht helfen. Jetzt lebte er schon vierzig Jahre in der Wüste. Er weidete Schafe. Weit musste er umherwandern, damit er etwas Gras für seine Tiere fand. In der Wüste war es heiß und einsam.
Eines Tages sah Mose in der Ferne ein Feuer brennen. Neugierig ging er darauf zu. Da bemerkte er etwas Seltsames: Da stand ein Dornbusch in hellen Flammen, aber die Zweige verbrannten nicht. Mose ging immer näher an das seltsame Feuer heran. Da hörte er rufen: „Mose, Mose!“ Mose schaute sich um. Jemand rief ihn, aber es war weit und breit kein Mensch zu sehen. Und wieder redete eine Stimme: „Zieh deine Schuhe aus! Der Ort auf dem du stehst, ist heiliger Boden.“
Da begriff Mose: Hier spricht Gott aus dem Dornbusch zu mir. Er zog seine Schuhe aus, warf sich auf den Boden und verbarg sein Gesicht, denn Gott ist so wunderbar und groß, dass kein Mensch ihn ansehen

kann. Und Gott sprach weiter zu Mose: „Mose, führe mein Volk Israel aus der Gefangenschaft Ägyptens in die Freiheit."
Mose antwortete: „Aber, Herr, der König Ägyptens wird mich töten, und mein Volk wird mir nicht glauben." Gott antwortete dem Mose: „Fürchte dich nicht, denn ich bin mit dir." Mose sagte: „Sag mir deinen Namen, damit ich ihn meinem Volk nennen kann." Gott antwortete: „Sag deinem Volk: Der **Ich- bin- da** schickt mich zu euch. Denn ich, Jahwe, euer Gott, werde immer bei euch sein."
Da stand Mose auf und ging nach Ägypten, um sein Volk in die Freiheit zu führen, wie Gott es ihm gesagt hatte.
(Gott sagt: Ich bin da, nach Ex 3,1-14; Textvorlage aus: Elsbeth Bihler, Kommt und seht; Werkbuch zur Erstkommunion- und Beichtvorbereitung für Eltern und Kinder, © Lahn Verlag, Limburg ^{9}1998, S. 32)

▷ Katechese
Gott sagt: Ich bin der **„Ich-bin-da"**. Das ist aber ein komischer Name, oder? Wie heißt ihr denn alle? (...)
Und was sagt Gott zu Mose, als der ihn fragt: „Wie heißt du denn? Sag mir deinen Namen!" Da sagt Gott: Ich bin der „Ich-bin-da". ...

Ihr seid bestimmt alle schon einmal in einer Situation gewesen, in der ihr Angst hattet.
Angst davor, alleine in den Keller zu gehen, Angst davor, auf die hohe Schaukel zu klettern, Angst davor, wieder vom Baum herunter zu springen, Angst vor dem Dunkeln ...
Was habt ihr dann gemacht? Ihr habt bestimmt jemanden um Hilfe gebeten. Mama, Papa, Oma, Opa, die Geschwister, vielleicht einen Freund, oder eine Freundin. Und sicher war jemand da, der euch helfen konnte?!
Wir haben in unseren Gottesdiensten schon oft ein Lied gesungen, das wir auch jetzt gemeinsam singen wollen, weil es heute ganz besonders gut passt und einen großen Wunsch ausdrückt: *Das wünsch ich sehr, dass immer einer bei mir wär, der lacht und spricht: „Fürchte dich nicht!"*

Vielleicht hattet ihr auch schon einmal Angst vor etwas Neuem, was auf euch zu kam. Ein komisches Gefühl im Bauch, als ihr das erste Mal in den Kindergarten gehen solltet, ein klein wenig Bauchweh vor dem Ersten Schultag. Eure Mamas und Papas kennen das Gefühl vielleicht vom ersten Arbeitstag in der neuen Stelle. Ein flaues Gefühl war sicher auch bei jedem Elternpaar dabei, als die Kinder geboren wurden. Geht alles gut, ist das Kind gesund?

Bei aller Freude über das Neue ist auch oft ein bisschen Angst dabei, ob auch alles gut geht. Ob ein Kind im Kindergarten Freunde findet und sich wohl fühlt, ob ein Schulkind sich in der Schule zurecht findet, ob die Lehrer wirklich nett sind und das Lernen auch wirklich Spaß macht.
Und genauso ging es Mose damals. Er bekam von Gott den Auftrag, das Volk Israel aus Ägypten heraus zu führen aus der Not und Unterdrückung in die Freiheit.
Das war ja eine große Aufgabe und Mose bringt auch sofort seine Bedenken vor Gott: „Aber, Herr, der König Ägyptens wird mich töten, und mein Volk wird mir nicht glauben.“ Wisst ihr noch, was Gott da zu Mose gesagt hat? „Fürchte dich nicht, denn ich bin mit dir! Sag deinem Volk: Der **Ich- bin- da** schickt mich zu euch. Denn ich, Jahwe, euer Gott, werde immer bei euch sein.“

Fürchte dich nicht, denn ich bin mit dir, oder wie wir in unserer Sprache heute sagen würden: Hab keine Angst, ich bin bei dir. Den Satz kennt ihr bestimmt alle: Du brauchst keine Angst haben, ich bin da! Das haben bestimmt schon viele Menschen zu euch gesagt. Die Mama, als ihr Angst hattet, in den Keller zu gehen; der Papa, der euch wieder vom Kletterbaum runter geholt hat; die große Schwester, am ersten Kindergartentag; der Freund, der mit euch in die Schule gekommen ist . . .
Seht ihr, da war dann immer einer da, der lacht und spricht: Fürchte dich nicht . . .
Das wünsch ich sehr . . .

Und genau das hat Gott Mose damals gesagt! Hab keine Angst, ich bin bei dir und deinem Volk, ich werde euch beschützen, ich bin mit euch auf dem langen Weg nach Israel.
Und damit das Volk Israel und Mose diese Versprechung Gottes immer vor Augen hatten, hat Gott ihnen gesagt: Mein Name ist „Ich-bin-da“. „Ich bin da!“, sagt Gott und das gilt nicht nur für Mose und das Volk Israel, sondern auch für uns heute. Gott ist immer bei uns. Wir können ihn zwar nicht sehen, aber wir haben sein Versprechen. Ich bin da, ich beschütze euch, ich bin bei euch! Fürchtet euch nicht. Das ist doch ein ganz tolles Versprechen, das Gott uns gegeben hat. Ich finde, das macht so richtig Mut! Wir sind nicht alleine, auch wenn gerade mal keiner in der Nähe ist, keine Mama, kein Papa, kein Bruder, keine Schwester, kein Freund und keine Freundin, dann ist immer noch Gott bei uns. Immer! Wenn wir uns freuen, wenn wir traurig sind, wenn wir ganz mutig sind, aber auch, wenn wir Angst haben. Gott sagt: Ich bin da!

Gott ist da und viele Menschen sind da, die uns mögen, die uns Mut machen, die uns das Gefühl geben: Wir sind bei dir, du bist nicht allein!

Es gibt ein Lied, das mögt ihr besonders gerne. Ich nämlich auch und deshalb wollen wir es jetzt auch gemeinsam singen: Das Kinder-Mut-mach-Lied! *Wenn einer sagt: „Ich mag dich, du ...“*

▷ Gebetsrufe
Die Gebetsrufe sind zusammengestellt aus einem altchristlichen Segensgebet. Zwischen den einzelnen Rufen bietet es sich an, das Lied „Das wünsch ich sehr...“ zu singen.

Lieber Gott, du hast uns diese Kinder anvertraut, damit wir sie auf ihrem Lebensweg begleiten. Zu Mose hast du gesagt: Ich bin der „Ich-bin-da“. Dieses Versprechen gibst du uns auch heute. Darum bitten wir dich voll Vertrauen für unsere Kinder:

- Sei du, Herr, vor ihnen, um ihnen den rechten Weg zu weisen.
- Sei du, Herr, neben ihnen, um sie in die Arme zu schließen und sie zu schützen, gegen Gefahren von rechts und von links.
- Sei du, Herr, hinter ihnen, um sie zu bewahren vor der Heimtücke böser Menschen.
- Sei du, Herr, unter ihnen, um sie aufzufangen, wenn sie fallen, und sie aus der Schlinge zu ziehen.
- Sei du, Herr, in ihnen, um sie zu trösten, wenn sie traurig sind.
- Sei du, Herr, um sie herum, um sie zu verteidigen, wenn andere über sie herfallen.
- Sei du, Herr, über ihnen, um sie zu segnen.

Lieber Gott, wir danken dir, dass du immer für uns da bist. Lass in allem, was wir tun, deinen Segen auf uns ruhen.

▷ Vaterunser

▷ Segen, Kindersegen
Bevor ihr gleich nach Hause geht, bekommt jedes Kind ein Bild von Mose und dem brennenden Dornbusch zum Ausmalen. Wie das fertige Bild aussehen kann, könnt ihr hier auf dem großen Bild sehen. Aber vielleicht habt ihr ja noch ganz andere Ideen! Einen Satz haben wir unter das Bild geschrieben weil wir ihn ganz wichtig finden: Gott sagt: Ich bin der „Ich – bin – da“!

7. Raphael

Vorbereitung

- Liedzettel
- Bilder von Engeln (Weihnachtsengel, Schutzengel, Engelsfiguren z. B. aus barocken Kirchen, von Menschen, die Engel sind: z. B. Mutter Teresa, als bekanntes Beispiel und Bilder von Menschen, wie du und ich)
- Tonkarton zum Aufkleben der Bilder
- Kopie des Gedichtes: „Es müssen nicht Männer mit Flügeln sein" von Rudolf Otto Wiemer

Ablauf

▷ Eröffnung

▷ Begrüßung

▷ Anzünden der Kerze

▷ Gemeinsames Kreuzzeichen

▷ Lied
– SL 225: Kommt alle und seid froh (Text: Rolf Krenzer; Musik: Peter Janssens; aus: „Kommt alle und seid froh", 1982, Rechte im Peter Janssens Musik Verlag, Telgte)

▷ Einführung
Engel – Boten Gottes

▷ Schrifttext, aus dem Buch Tobit, Kap. 4–12, zusammenfassend nacherzählt

▷ Lied
– SL 218: Das wünsch ich sehr (Text: Kurt Rose; Musik: Detlev Jöcker; aus: „Licht auf meinem Weg", Rechte: Menschenkinder Verlag, Münster)

▷ Katechese
„Es müssen nicht Männer mit Flügeln sein, die Engel ..."
Am Beispiel von Raphael und anderen Engeln. Gestalten einer Collage mit Eltern und Kindern.

▷ Lied
Schick uns Engel Gott (Text: Georg Schwickart; Musik: Wiebke Trute; aus: Franz Menke, „Von Schutzengeln den Kindern erzählt“, Rechte beim Verlag Butzon & Bercker, Kevelaer)

▷ Vaterunser

▷ Segensgebet

▷ Segen, Kindersegen

▷ Lied
– SL 88: Alle Kinder dieser Welt sind dein (Text: H. Bergmann; Musik: H. Wortmann; aus: SU 330 „Pfälzer Kindermesse“, Rechte beim Studio Union im Lahn- Verlag, Limburg)

Elemente für den Gottesdienst

▷ Einführung
Heute wollen wir gemeinsam über Engel nachdenken. Ein Engel, was ist das denn? (...) Hat denn einer von euch schon mal einen richtigen, lebendigen Engel gesehen? Das ist auch gar nicht so einfach, einen Engel zu erkennen. Engel, das sind Boten Gottes. Die Bibel erzählt immer mal wieder von Engeln, als Boten Gottes und Helfer der Menschen. Und auch in der Bibel sind die Engel nicht immer in weißen Gewändern und mit Flügeln unterwegs.
Ich möchte euch heute die Geschichte von Tobias erzählen. Tobias hat eine weite und gefährliche Reise vor sich und sucht sich deshalb einen Begleiter. Dieser Begleiter heißt Raphael und wird für Tobias zum Ratgeber, Retter, Freund und Vertrauten. Raphael ist ein Engel. Das weiß Tobias aber nicht. Aber lasst uns hören, was die Bibel von Tobias und Raphael erzählt.

▷ Schrifttext
Vor langer, langer Zeit lebten ein Mann mit Namen Tobit, seine Frau Hanna und sein Sohn Tobias in der Stadt Ninive. Tobit hatte durch ein Unglück sein Augenlicht verloren. Eines Tages schickte er seinen Sohn in die Stadt Rages, im Lande Midian. Dort hatte ein Verwandter Geld für Tobit in Verwahrung genommen. Da die Reise weit und gefährlich war, suchte sich Tobias einen Weggefährten, der ihn begleiten sollte. Er traf Raphael, der mit ihm gehen wollte. Tobit war einverstanden und bevor sich die beiden auf den Weg machten, segnete Tobit seinen Sohn Tobias und Raphael mit den Worten: „Macht euch auf den Weg. Gott, der im Himmel wohnt, wird euch auf eurer Reise behüten, sein Engel möge euch begleiten.“

Die beiden kamen auf ihrer Reise an einen Fluss. Als Tobias baden wollte, schoss ein großer Fisch aus dem Wasser und schnappte nach ihm. Raphael rief: „Pack ihn, und wirf ihn ans Ufer. Schneide den Fisch auf und nimm die Galle mit. Sie ist ein gutes Heilmittel für die kranken Augen deines Vaters." Tobias tat, was Raphael ihm gesagt hatte. Dann brieten sie den Fisch und aßen ihn auf.
Bald kamen sie in eine Stadt, in der ein Freund des Vaters wohnte. Er hieß Raguel und hatte eine schöne Tochter, Sara. Sara gefiel Tobias so sehr, dass er Raguel und seine Frau bat, Sara heiraten zu dürfen. Sie feierten ein prächtiges Hochzeitsfest. Raphael reiste inzwischen weiter, um die Geldsumme für Tobit zu holen. Als er zurück war, machten sich Tobias, seine Frau Sara und Raphael auf den Rückweg nach Ninive. Hanna, die Mutter von Tobias, hielt jeden Tag Ausschau nach ihrem Sohn und seinem Begleiter. Eines Tages sah sie ihren Sohn kommen und lief den Reisenden voller Freude entgegen. Der blinde Tobit stolperte, aber Tobias fing ihn auf und strich ihm die Fischgalle auf die Augen. Sofort konnte Tobit wieder sehen, seine Augen waren geheilt und er lobte Gott mit lauter Stimme. Tobias erzählte seinen Eltern von der Hochzeit und sie nahmen Sara herzlich auf.
Tobit sagte zu Raphael. „Du warst ein guter Reisebegleiter. Nimm von allem, was ihr mitgebracht habt, die Hälfte." Raphael aber antwortete. „Ich bin Raphael, ein heiliger Engel!" Da erschraken alle, die dabei standen und warfen sich vor dem Engel auf die Erde. Als sie wieder aufblickten, war Raphael verschwunden.

▷ Katechese
Das war die Geschichte von Tobias und Raphael. Bevor wir jetzt weiter über Engel nachdenken, lasst uns erst einmal singen: *„Das wünsch ich sehr…"*

Da waren Tobias und Tobit aber ganz schön überrascht, als Raphael ihnen nach der Reise sagt: „Ich bin ein heiliger Engel!" Der hat ja wohl gar nicht so ausgesehen, wie man sich einen Engel vorstellt. Zumindest berichtet die Bibel nichts Außergewöhnliches und Tobias und Tobit haben auch nichts festgestellt, sonst wäre ihnen ja viel früher aufgefallen, was mit Raphael los ist.
Wie stellt ihr euch denn Engel vor? (…) *Kinder erzählen lassen und die passenden Bilder in die Mitte legen: Weihnachtsengel, „Männer mit Flügeln", Barockengel, Putten …*
Das sind alles Bilder von Engeln, so wie die Menschen sie sich vorstellen. Wir haben zu Beginn des Gottesdienstes schon kurz davon gesprochen: Engel, das sind Boten Gottes. Gott teilt uns etwas

mit durch diese Engel. Ihr kennt alle eine Geschichte aus der Bibel, in der Engel den Menschen etwas mitteilen. (...) Die Engel in der Weihnachtsgeschichte, die den Hirten von Jesu Geburt erzählen! Das ist nur eine von vielen Geschichten, in denen Engel Gottes Botschaft zu den Menschen tragen.
Aber es gibt noch andere Engel. (...) Schutzengel zum Beispiel. Kann man die sehen? Was macht denn so ein Schutzengel? (...) Genau, der passt auf uns auf. Ihr habt bestimmt alle schon mal eine Situation erlebt, bei der um ein Haar etwas schiefgegangen ist. Da steht man dann nachher mit zittrigen Knien da und denkt: „Da hast du aber noch mal Glück gehabt!“ Wir glauben, dass Gott uns gerade in solchen Situationen einen Engel zur Seite stellt, der auf uns aufpasst und uns beschützt, auch wenn wir ihn nicht sehen können. Das wünsch ich sehr, dass immer einer bei mir wär, der lacht und spricht: „Fürchte dich nicht!“ Wir haben es eben gesungen!
Tobias konnte Raphael ja nun sehen. Sie waren gemeinsam unterwegs und haben so einiges erlebt. Raphael hat Tobias beschützt. Er hat ihm geraten, die Fischgalle als Heilmittel mit nach Hause zu nehmen. Er war Tobias Freund und Vertrauter auf der langen Reise. Kurzum, er war immer für Tobias da, er war ein Engel für ihn. Auch ohne weißes Gewand und Flügel.
Eben haben wir Bilder in die Mitte gelegt, die Engel zeigen, so wie wir uns Engel vielleicht vorstellen. Jetzt habe ich Bilder, die zeigen auch Engel. *Bilder von Menschen hinlegen, die „Engel“ sind.* Das habt ihr richtig bemerkt! Das sind Bilder von Menschen, wie ihr und ich. Da sind einige bekannte Gesichter bei, z. B. von Mutter Teresa. Mutter Teresa war eine Ordensfrau in Indien, die sich um die Ärmsten der Armen gekümmert hat und deshalb auch „Engel der Armen“ genannt wurde. Hier sind auch noch andere Gesichter von Engeln.(...) Ich kenne die auch nicht alle. Diese Bilder könnten wir vielleicht auch durch Bilder von uns ersetzen. Denn auch wir können Engel, Boten Gottes, für andere sein. Das ist gar nicht schwer! Raphael hat Tobias begleitet auf seiner Reise. Wir können auch Menschen auf ihrem Weg begleiten. Dazu müssen wir nicht unbedingt mit anderen auf Reisen gehen. Wir können aber anderen zuhören, helfen, ihnen Freund und Freundin sein. Wir können für andere Engel sein, wenn Menschen durch uns Güte, Liebe und Hilfe erfahren. Wir sind Engel, Boten Gottes, wenn Gottes Liebe durch uns in dieser Welt spürbar wird. Ich habe euch ein Gedicht mitgebracht, das von Engeln erzählt. Das möchte ich euch gleich vorlesen. Es fasst eigentlich das sehr schön zusammen, was wir heute hier besprochen haben. Dann können wir gemeinsam die Bilder, die hier liegen, um

das Gedicht auf den Fotokarton kleben. So entsteht ein großes Bild, das von Engeln erzählt. Das hängen wir dann nachher hier in der Kirche/im Pfarrheim auf, damit sich auch die anderen Leute aus der Gemeinde das Bild anschauen können.

Engel
Es müssen nicht Männer mit Flügeln sein,
die Engel.
Sie gehen leise, sie müssen nicht schrein,
manchmal sind sie alt, hässlich und klein,
die Engel.
Sie haben kein Schwert, kein weißes Gewand,
die Engel.
Vielleicht ist einer, der gibt dir die Hand,
oder er wohnt neben dir, Wand an Wand,
der Engel.
Dem Hungernden hat er das Brot gebracht,
der Engel.
Dem Kranken hat er das Bett gemacht,
er hört, wenn du ihn rufst in der Nacht,
der Engel.
Er steht im Weg, und er sagt: „Nein!“
der Engel.
Groß wie ein Pfahl und hart wie ein Stein;
es müssen nicht Männer mit Flügeln sein,
die Engel.

(Rudolf Otto Wiemer; aus: R. O. Wiemer, Betlehem ist überall (GTB 1537, Gütersloher Verlagshaus, Gütersloh ^{7}1992).

▷ Segensgebet
Lieber Gott, Tobit hat zu Tobias und Raphael gesagt: „Macht euch auf den Weg. Gott, der im Himmel wohnt, wird euch auf eurer Reise behüten, sein Engel möge euch begleiten.“
Wir bitten dich für uns und unsere Kinder, die du uns in deiner großen Liebe anvertraut hast, behüte uns alle auf unserem Weg durchs Leben und stell uns Engel an die Seite, die uns begleiten.
Lass uns einander Engel sein und zu Boten Gottes in unserer Welt werden. Dazu erbitten wir deinen Segen.

8. Jona

Vorbereitung

- Liedzettel
- Bilder der Jona- Geschichte auf Tonkarton malen
- Für jedes Kind einen Fisch zum Mitnehmen

Für die Bildergeschichte reichen 4 Szenen: das Schiff, der große Fisch, Ninive vor der Bekehrung, Ninive nach der Bekehrung. Jona wird aus Tonkarton ausgeschnitten, so dass er von Szene zu Szene wandern kann. Der Fisch wird so gestaltet, dass er Jona tatsächlich „verschlucken" kann. (z. B. beim Maul einen Schlitz schneiden, dass Jona dadurch geschoben werden kann und verschwindet) Da sind der Phantasie keine Grenzen gesetzt. Durch den beweglichen Jona wird die ganze Geschichte sehr plastisch und damit für die Kinder interessanter zum Zuschauen und Zuhören.

Ablauf

▷ Eröffnung

▷ Begrüßung

▷ Anzünden der Kerze

▷ Gemeinsames Kreuzzeichen

▷ Lied
– SL 224: Wir fangen an, fröhlich zu sein (Text: Rolf Krenzer; Musik: Detlev und Lele Jöcker; aus: Liedspielheft und MC: „Und sie fingen an, fröhlich zu sein", Rechte beim Menschenkinder Verlag, Münster)

▷ Einführung
Manchmal werden wir gerufen und dann laufen wir einfach weg.

▷ Schrifttext: nach Jona 1-3, aus: Hellmut Haug, Das große Bibelbilderbuch, Deutsche Bibelgesellschaft Stuttgart, 1994 (S. 118–127)

▷ Lied
– kommt und singt 348: Gott ruft Jona (Text und Melodie: H. Neubauer, RPP 80/1, Rechte beim RPA Verlag, Landshut)

▷ Katechese
Gott ruft Jona – Gott ruft uns

▷ Fürbitten

▷ Vaterunser

▷ Segen, Kindersegen

▷ Lied
Guter Gott, drum danken wir (Text: Rolf Krenzer; Musik: Detlev Jöcker; aus: CD, MC und Buch „Wir kleinen Menschenkinder“, Rechte beim Menschenkinder Verlag, Münster)

Elemente für den Gottesdienst

▷ Einführung
Stellt euch mal folgende Situation vor: Ihr sitzt draußen im Sandkasten und seid ganz vertieft in euer Spiel. Plötzlich ruft eure Mama: „... NN ..., komm mal bitte rein und räume dein Zimmer auf!“ Dazu habt ihr aber gar keine Lust! „Aufräumen?“ denkt ihr, „Nein danke, da verziehe ich mich lieber da hin, wo Mama mich nicht findet!“ Dann steigt ihr aus dem Sandkasten und versteckt euch in einem guten Versteck, lauft also einfach vor eurer Aufgabe davon.
Genauso hat das Jona gemacht, von dem wir euch heute erzählen wollen. *Jona zur Hand nehmen.*

▷ Schrifttext
Mitten im schönen Land Israel sitzt Jona. Eines Tages hört er eine Stimme. Gott sagt zu ihm: Jona, steh auf! Geh in die große Stadt Ninive! Die Menschen dort sind so böse. Ich kann nicht länger zusehen.“
Jona geht – aber nicht nach Ninive. Er läuft weg. Er geht in die andere Richtung. Er geht ans Meer. Er bezahlt Fahrgeld. Er steigt in ein Schiff. *Jona auf das Schiff gehen lassen, dann nach unten zum Schlafen legen.* Das Schiff fährt weit weg. Immer weiter weg von Ninive. Da schickt Gott einen großen Sturm. Die Wellen sind hoch. Das Schiff ist in Gefahr. Die Matrosen haben schreckliche Angst. *Schiff so bewegen, als sei es auf stürmischer See.* Sie schreien: „Hilf uns Gott! Lass uns nicht ertrinken!“
Jona hat nichts gemerkt. Er liegt unten und schläft. Einer der Matrosen geht hinunter und ruft: „Wach auf, Jona! Hilf uns beten! Vielleicht hört dich Gott.“ *Jona geht an Deck.* Jona sagt: „Gott wird mich nicht hören. Ich bin an allem schuld. Ich habe ihm nicht gehorcht. Darum hat er den Sturm geschickt.“ Jona sagt zu den Matrosen: „Werft mich ins Meer! Dann hört der Sturm auf.“ Die Matrosen

werfen Jona ins Meer. *Jona geht über Bord.* Ein großer Fisch verschluckt ihn. *Jona wird vom Fisch verschluckt.* Sofort hört der Sturm auf. Der Fisch ist tief unten im Meer. Jona ist im Bauch des Fisches, drei Tage und drei Nächte lang. Jona ruft zu Gott: „Hilf mir! Hol mich heraus!"
Gott hört Jona. Er hilft ihm. Der Fisch spuckt Jona ans Ufer. *Der Fisch spuckt Jona wieder aus.* Noch einmal sagt Gott zu Jona: „Geh nach Ninive! Sage den Leuten dort: Gott wird euch bestrafen." *Bild von Ninive vor der Bekehrung zur Hand nehmen und Jona nach Ninive gehen lassen.* Jona geht in die große Stadt. Er ruft den Menschen zu: „Gott wird eure Stadt zerstören! Ihr tut so viel Böses. Ihr raubt und mordet. Ihr lasst die Armen hungern. Ihr müsst alle sterben. Nur noch vierzig Tage!"
Bild von Ninive nach der Bekehrung zur Hand nehmen.
Die Leute von Ninive erschrecken. Sie ziehen Trauerkleider an. Sie sagen: „Wir wollen uns bessern." Sie beten zu Gott: „Vergib uns, es tut uns leid!" Gott hört die Menschen von Ninive. Er sagt: „Ich schenke ihnen das Leben. Ich will die Stadt nicht zerstören."
(Nach Jona 1-3, aus: Hellmut Haug, Das große Bibelbilderbuch, Band 1, Deutsche Bibelgesellschaft Stuttgart, 1994, S. 118–127)

Die Geschichte von Jona geht eigentlich noch ein Stückchen weiter, aber wir wollen sie heute hier beenden. Das war ganz schön spannend, oder? Wir haben auf unseren Liedzetteln ein Lied, das auch die Geschichte von Jona erzählt. Das wollen wir jetzt singen.

1. *Gott ruft Jona und er sagt: „Geh in eine Stadt! Künde dort das Wort des Herrn, dass sie Leben hat."*
   Refrain: Gott ruft auch dich und mich, mächtig ist sein Wort. Gott rettet dich und mich, mächtig ist sein Wort. Gott rettet dich und mich. Groß ist sein Erbarmen.
2. *Jona will den Ruf nicht hören, geht ihm aus dem Weg. Will vergessen Gottes Wort. Er sich schlafen legt. Refrain: Gott ruft ...*
3. *Jona schläft, ein Sturm bricht los, und in großer Not, wecken sie den Jona auf: „Wo ist denn dein Gott?" Refrain: Gott ruft ...*
4. *Jona sagt: „Gott ist im Sturm, ich will ihm entfliehn. Werft mich in das tiefe Meer. Ruhe wird einziehn. Refrain: Gott ruft ...*
5. *Jona fällt ins tiefe Meer, sinkt ab auf den Grund, wird verschlungen von dem Fisch, und es wird ihm kund: Refrain: Gott ruft ...*
6. *Jona ruft im Bauch des Fischs. „Rette mich, mein Gott! Rette und befreie mich aus der Todesnot! Refrain: Gott ruft ...*
7. *Jona, er wird ausgespien, Jona kommt an Land. Jona geht nach Ninive, fängt zu reden an. Refrain: Gott ruft ...*

▷ Katechese

Zu Beginn unseres Gottesdienstes haben wir uns eine Situation vorgestellt. Weiß noch jemand, worum es da ging? (...) Das war die Sache mit dem Aufräumen, wozu ihr keine Lust hattet und ihr euch deshalb versteckt habt. Die Geschichte von Jona erzählt im Prinzip das Gleiche. Jona wird von Gott gerufen, er soll nach Ninive gehen und soll „aufräumen". In Ninive herrschte ziemliche Unordnung. Zu der Zeit, als Jona lebte, war diese Stadt Ninive der Inbegriff des Schlechten. Wir haben es in der Geschichte gehört: Die Menschen in Ninive waren so ungezogen und böse und machten so schlimme Sachen, dass der liebe Gott es nicht mehr mit ansehen wollte. Deshalb sollte Jona dorthin gehen und den Menschen von Gott ausrichten, dass er sie bestrafen würde.

Und was machte Jona? (...) Der hatte nicht die geringste Lust in Ninive aufzuräumen und schlich sich davon auf ein Schiff. Der hat sich nämlich gedacht, wenn ich weglaufe findet Gott mich nicht und ich muss nicht nach Ninive. Da hatte er die Rechnung aber ohne den lieben Gott gemacht! Der wusste genau, dass Jona sich vor ihm verstecken wollte und schickte den Sturm, um Jona zu zeigen: „Du kannst nicht vor mir weglaufen!" Das merkte Jona dann auch, und als das Schiff zu sinken drohte, ließ er sich von den Matrosen ins Meer werfen, weil er genau wusste, dass er der Grund für den Sturm war. Und dann passierte ja das eigentlich Spannende: Jona wird von einem großen Fisch verschluckt. Und nun? (...) Nun sitzt Jona im dunklen Bauch des Fisches und ruft Gott um Hilfe. „Hilf mir! Hol mich hier raus!" Und was macht Gott? (...) Gott hätte eigentlich böse auf Jona sein müssen. Erst läuft Jona weg und dann, als er in Not ist, ruft er ihn um Hilfe. Aber der liebe Gott sagt nicht: Ätsch, das hast du nun davon, wie wir es vielleicht sagen würden. Nein, er gibt Jona eine zweite Chance. Er befreit Jona aus seiner misslichen Lage und gibt ihm noch einmal den Auftrag, nach Ninive zu gehen. Und nun geht Jona und tut das, was Gott ihm gesagt hat.

Gott hat Jona verziehen und ihm die Gelegenheit gegeben, noch einmal neu anzufangen. Aber die Gelegenheit hatte nicht nur Jona, sondern auch die Menschen in Ninive! Ich habe euch eben schon erzählt, dass es in Ninive drunter und drüber ging. Als aber Jona den Menschen zurief: „Gott wird in vierzig Tagen eure Stadt zerstören! Ihr tut so viel Böses!", erkannten sie ihr Unrecht und baten Gott um Vergebung. Gott hat die Menschen von Ninive erhört und gesagt: „Ich schenke ihnen das Leben. Ich will die Stadt nicht zerstören!" So wurde Ninive verschont. Gott hat den Menschen ihre Schuld verziehen und ihnen die Möglichkeit geschenkt, von nun an anders zu leben und auf sein Wort zu hören.

Vielleicht sind wir auch manchmal so, wie Jona und die Menschen von Ninive. Wir spüren, dass Gott uns ruft, aber wir haben keine Lust zu hören, laufen davon, oder tun Dinge, die nicht in Ordnung sind. Vielleicht fühlen wir uns auch manchmal so, wie Jona im Bauch des Fisches. Wir sitzen im Dunkel, haben Angst und rufen Gott um Hilfe. Ich finde es wunderschön, zu wissen, dass Gott uns nicht im Dunkeln lässt. Er kennt unseren Weg, ruft uns immer wieder neu und er gibt uns immer wieder die Chance für einen Neubeginn, genau wie Jona und den Menschen in Ninive.
Damit wir uns immer wieder daran erinnern, dass Gott uns so lieb hat, darf sich gleich jedes Kind einen Fisch mit nach Hause nehmen. Vielleicht denkt ihr ja hin und wieder an Jona und seine Geschichte, wenn ihr den Fisch zur Hand nehmt. Denn die Geschichte von Jona ist eine Geschichte von Gottes großer Liebe zu uns Menschen.

▷ Fürbitten
Lieber Gott, wir haben die Geschichte von Jona und den Menschen von Ninive gehört. Du hast ihnen die Chance gegeben, noch einmal neu anzufangen. Wir bitten dich:
- Öffne unsere Ohren, damit wir hören, wenn du uns rufst.
- Öffne unsere Augen, damit wir den richtigen Weg wiederfinden, wenn wir uns verlaufen haben.
- Öffne unseren Mund, damit wir deine Botschaft weitertragen, statt vor dir wegzulaufen.
- Öffne unsere Herzen, damit wir offen sind für deine Liebe und nach deinem Wort leben.

Lieber Gott, du hast uns lieb und holst uns immer wieder auf den rechten Weg. Dafür danken wir dir, heute und immer.

9. Der zwölfjährige Jesus im Tempel

Vorbereitung

- Liedzettel
- Dias, oder vergrößerte Bilder von: einem Haus zur Zeit Jesu, einer Synagoge, der Stadt Jerusalem, der Innenansicht eines Tempels
- Christopher Kirchenmaus (siehe GD: Josef und seine Brüder) kann hier wieder sehr gut eingesetzt werden.

Ablauf

▷ Eröffnung

▷ Begrüßung

▷ Anzünden der Kerze

▷ Gemeinsames Kreuzzeichen

▷ Lied
Die Großen und die Kleinen (Text: Rolf Krenzer; Musik: Anke und Detlev Jöcker; aus: CD, MC, und Buch: „Wir kleinen Menschenkinder“, Rechte beim Menschenkinder Verlag, Münster)

▷ Einführung
Heute erzählen wir vom „kleinen“ Jesus.

▷ Schrifttext: nach Lk 2,40-52, Der zwölfjährige Jesus im Tempel, nacherzählt

▷ Lied
– kommt und singt 324: Du bist da, wo Menschen leben (Text und Musik: Detlev Jöcker; aus: „Das Liederbuch zum Umhängen!“, Rechte beim Menschenkinder Verlag, Münster)

▷ Katechese
„Wisst ihr denn nicht, dass ich im Haus meines Vaters sein muss?“ Was meint Jesus damit?

▷ Lied
– SL 159: Wenn ich Vater sage (Text: Hanna Neubauer; Musik: Franz Kett, Rechte beim RPA Verlag, Landshut)

▷ Vaterunser

▷ Segen/Kindersegen

▷ Lied
– SL 249: Halte zu mir, guter Gott (Text: Rolf Krenzer; Musik: Ludger Edelkötter; aus: „Halte zu mir heute", Rechte beim Impulse-Musikverlag, Drensteinfurt)

Elemente für den Gottesdienst

▷ Einführung
Wenn Christopher Kirchenmaus im Gottesdienst eingesetzt wird, begrüßt er jetzt die GD- Gemeinde und übernimmt die Einführung und das Erzählen der Jesusgeschichte.
Ich will euch heute vom „kleinen" Jesus erzählen, wie das damals war in Nazaret, als Jesus so klein war, wie ihr jetzt.
Damit ihr seht, wie es in Nazaret, in dem Ort, in dem Jesus mit seinen Eltern Maria und Josef wohnte, so ungefähr aussah, haben wir euch ein paar Fotos/Dias mitgebracht.
Bild/Dia: Haus
Hier seht ihr ein solches Haus, in dem die Menschen damals lebten. Die Häuser waren sehr klein, meist hatten sie nur einen einzigen Raum. Abends wurde eine kleine Öllampe angezündet und in der Nacht legte jeder seine Matte auf den Fußboden.
Bild/Dia: Synagoge
Hier seht ihr die Synagoge, das Gebetshaus. Die Synagoge ist schöner und größer gebaut, als die anderen Häuser. Am Sabbat, das ist der Samstag, versammeln sich Männer, Frauen und Kinder zum Gottesdienst, so wie ihr heute. An den übrigen Tagen gehen die Jungen zum Lehrer ins Gebetshaus, wo sie von Gott hören, die Gebete und Gebote lernen und wo sie lesen und schreiben lernen, so wie heute die größeren Kinder in der Schule.
Die Mädchen lernen auch lesen und schreiben, die Gebote und wie man betet. Alles das, und was eine jüdische Frau wissen muss, lernen sie nicht in der Synagoge, sondern von ihrer Mutter.
Wenn ein jüdischer Junge dreizehn Jahre alt wird, ist das ein ganz besonderer Tag für ihn. Er feiert nicht nur seinen Geburtstag, er bekommt in der Synagoge einen Platz bei den Männern. Jetzt darf er im Gottesdienst aus den heiligen Büchern vorlesen, muss sich aber auch an die Gottesgebote und die Weisungen der Lehrer halten.
Der kleine Jesus lebte in Nazaret, wie alle Kinder mit ihren Eltern. Er spielte, er heckte sicher auch so manchen Streich aus und ging ins

Gebetshaus, um alles zu lernen. Und doch ist Jesus etwas besonderes! In der Bibel habe ich eine Geschichte gefunden, in der das besonders deutlich wird. Die will ich euch jetzt erzählen:

▷ Schrifttext, nacherzählt
Bild/Dia Jerusalem
Maria und Josef wandern, wie in jedem Jahr, nach Jerusalem, um dort das Pascha-Fest zu feiern. Jerusalem ist eine große Stadt, ihr seht sie hier auf diesem Bild. Der Weg von Nazaret nach Jerusalem ist ganz schön weit. Jesus, der nun zwölf Jahre alt ist, darf mitgehen. Viele Menschen sind zum Fest nach Jerusalem gekommen. Sie essen das Pascha-Lamm, danken Gott und singen ihm fröhliche Lieder. Als das Fest vorbei ist, machen sich alle auf den Heimweg. Jesus ist nicht dabei. Maria und Josef denken: „Er geht mit seinen Freunden." Am Abend schlagen alle ihre Zelte auf. Maria und Josef suchen Jesus. Sie fragen überall nach ihm, aber niemand hat ihn gesehen. Nirgends ist Jesus zu finden. Maria hat Angst: „Es wird ihm doch nichts passiert sein. „Komm Josef, lass uns zurück nach Jerusalem gehen!" Drei Tage haben sie Jesus in Jerusalem gesucht! Ihr könnt euch vorstellen, dass Maria und Josef ganz schön aufgeregt waren. Mal haben sie geschimpft, mal haben sie vor Angst und Sorge geweint. Immer wieder haben sie gebetet: „Lieber Gott, lass uns unseren Sohn gesund und munter wiederfinden."
Dia/Bild: Tempel
Schließlich finden sie Jesus im Tempel. Er spricht mit den Schriftgelehrten, das sind weise Lehrer, die alles über die heilige Schrift wissen.
Maria ist froh, dass sie Jesus wiedergefunden haben, schimpft ihn aber trotzdem ein bisschen: „Warum hast du uns das angetan? Wir suchen dich schon drei Tage. Wir haben uns solche Sorgen gemacht!" Da sagt Jesus etwas ganz Komisches: „Warum habt ihr mich gesucht? Wisst ihr denn nicht, dass ich im Haus meines Vaters sein muss?" Maria und Josef verstehen nicht, was Jesus damit meint: „Im Haus meines Vaters". Jedenfalls geht Jesus erst mal wieder mit zurück nach Nazaret, zusammen mit seinen Eltern.

▷ Katechese
Wenn Christopher Kirchenmaus im GD eingesetzt wird, übernimmt der Katechet/die Katechetin an dieser Stelle wieder das Wort.
„Wisst ihr denn nicht, dass ich im Haus meines Vaters sein muss?" Was könnte Jesus denn damit gemeint haben? (. . .) Maria und Josef wussten damals nichts mit diesem Satz anzufangen.

Aber vielleicht kommt uns eine Idee, wenn wir an Weihnachten zurückdenken. Jesus, das Kind in der Krippe. Gottes Sohn, der als Kind in diese Welt gekommen ist. Da ist uns das ganz klar. Dieses kleine Kind aus der Krippe in Bethlehem ist mittlerweile zwölf Jahre alt. Jesus ist ein Kind wie alle anderen Kinder. Er spielt, schaut seinem Vater Josef in der Schreinerwerkstatt zu und hat sicher auch so manchen Blödsinn gemacht. Und doch ist er nicht wie alle Kinder. Das wird in dieser Geschichte, die wir eben gehört haben, ganz deutlich. Was war da los, als alle sich wieder auf den Heimweg von Jerusalem machen wollten? (...) Jesus war nicht dabei. Erst dachten seine Eltern, dass er vielleicht mit seinen Freunden zusammen ist, aber als er abends immer noch nicht aufgetaucht ist, gehen sie zurück nach Jerusalem. Und wo haben sie ihn schließlich gefunden? (...) Im Tempel.

Dia/Bild: Tempel, noch mal zeigen.

Schaut euch dieses Bild hier genau an. Ein Tempel ist ein Gotteshaus, in dem die Menschen damals gebetet und Gottes Wort gehört haben, so wie wir Christen es in unseren Kirchen tun.

Und in solch einem Gotteshaus hielt Jesus sich auf und sprach mit den Schriftgelehrten, während seine Eltern ihn verzweifelt suchten.

Jesus, Gottes Sohn, im Tempel, dem Haus Gottes. Jetzt können wir auch verstehen, warum er sagt: „Ich muss im Haus meines Vaters sein." Er will seinen Eltern damit deutlich machen: „Ich bin euer Kind, aber ich bin vor allem Gottes Sohn!" Er macht damit die Richtung deutlich, wie sein weiteres Leben verlaufen wird.

Wir wissen, dass Jesus später gekreuzigt wurde und wieder auferstanden ist. Das feiern wir in besonderer Weise in der Karwoche und Ostern. Überlegt mal, wie ein Kreuz aussieht. (...) Das hat einen Längsbalken und einen Querbalken. Der Längsbalken steht für die Verbindung zwischen den Menschen auf der Erde und Gott im Himmel, der Querbalken steht für die Verbindung der Menschen untereinander. Jesus ist die Verbindung zwischen uns Menschen und Gott, seinem Vater, und er ist die Verbindung zwischen uns Menschen. Zwischen dir und mir, zwischen Eltern und Kindern, weil er uns lieb hat und möchte, dass wir uns untereinander lieb haben.

Jesus hat das damals schon gewusst, dass er die Verbindung zwischen Gott und den Menschen und die Verbindung der Menschen untereinander herstellen sollte. Und er wusste: „Mein Vater ist Gott!" Deshalb war für ihn ganz klar, dass der Tempel, das Haus Gottes, das Haus seines Vaters ist. Also musste er auch dort sein.

Wenn ich Vater sage ...

Lasst uns doch gemeinsam dieses schöne Lied singen.

10. Jesus beruft seine Jünger

Vorbereitung

- Liedzettel
- großes Netz in Form eines Fischernetzes
- für jeden Gottesdienstteilnehmer einen Fisch
- Stifte

Vor Beginn des Gottesdienstes bekommt jeder einen Fisch und wird gebeten, den eigenen Namen auf den Fisch zu schreiben.

Ablauf

▷ Eröffnung

▷ Begrüßung

▷ Anzünden der Kerze

▷ Gemeinsames Kreuzzeichen

▷ Lied
Schön wird das Fest (Text: Rolf Krenzer; Musik: Detlev Jöcker; aus: CD, MC und Buch „Wir kleinen Menschenkinder“, Rechte beim Menschenkinder Verlag, Münster)

▷ Einführung
Jesus sucht sich Menschen, die mit ihm gehen.

▷ Schrifttext: „Die ersten Jünger“, nach Mt 4,18-22, aus: Irmgard Weth, Neukirchener Kinder-Bibel, mit Bildern von Kees de Kort, 12. überarb. Aufl. in neuer Rechtschreibung, Kalenderverlag des Erziehungsvereins, Neukirchen-Vluyn, 2000, S. 184–185.

▷ Katechese
Jesus beruft seine Jünger als Bindeglied zwischen ihm und den Menschen. Er macht sie zu Menschenfischern. Wir alle sind Fische im Netz Jesu, wir gehören zu ihm.

▷ Lied
- SL 185: Wir sind die Kleinen in den Gemeinden (Text: Jürgen Fliege, Dietmar Fissel; Musik: Holger Clausen; aus: „Wie der Angst die Luft ausgeht“, 1982, Rechte beim tvd Verlag, Düsseldorf)

▷ Fürbitten

▷ Vaterunser

▷ Segen, Kindersegen

▷ Lied
– SL 220: Zieh den Kreis (Text und Musik: Dr. Hans Georg Surmund; aus: „Weitersagen“, Rechte beim Impulse Musikverlag, Drensteinfurt)

Elemente für den Gottesdienst

▷ Einführung
Jesus, das erfahren wir in den vielen Geschichten, die über ihn in der Bibel zu lesen sind, ist durch das ganze Land Israel gezogen, um den Menschen von Gott zu erzählen. Da er aber nicht alleine unterwegs sein wollte, hat er sich Freunde gesucht. Weiß denn schon jemand von euch, wie die Freunde Jesu genannt wurden? (. . .) Das waren die Jünger. Zwölf Jünger waren es, mit denen er von Dorf zu Dorf und von Stadt zu Stadt zog. Heute will ich euch erzählen, wie er die ersten vier Jünger berufen hat.

▷ Schrifttext
Jesus kam zum See Genezaret. Dort sah er ein Boot am Ufer. Zwei Fischer saßen darin. Die warfen gerade ihre Netze ins Wasser. Da rief Jesus zu ihnen hinüber: „Kommt und geht mit mir! Ihr sollt meine Jünger sein. Menschenfischer sollt ihr werden.“
Sogleich ließen die Fischer das Boot und die Netze zurück und folgten Jesus und wurden seine Jünger. Petrus und Andreas hießen die beiden. Sie waren Brüder.
Ein Stück weiter lag noch ein Boot am Ufer. Ein alter Fischer saß darin mit seinen zwei Söhnen. Sie flickten gerade ihre Netze. Jesus ging auf die beiden zu und rief: „Kommt auch ihr! Auch ihr sollt meine Jünger sein!“ Da standen die beiden auf, ließen ihren Vater zurück und folgten Jesus und wurden seine Jünger. Johannes und Jakobus hießen die beiden. Auch sie waren Brüder. Nun hatte Jesus schon vier Jünger. Bald darauf rief er noch andere zu sich, bis er schließlich zwölf Jünger hatte. Sie zogen mit Jesus durch das Land und waren immer bei ihm. Sie sahen, wie er den Menschen half, und hörten, was er ihnen von Gott erzählte. Er war ihr Lehrer, und sie waren seine Schüler. Und sie liebten ihn mehr, als ihren besten Freund.
(nach Mt 4,18-22, aus: Irmgard Weth, Neukirchener Kinder-Bibel, mit Bildern von Kees de Kort, 12. überarb. Aufl. in neuer Recht-

schreibung, Kalenderverlag des Erziehungsvereins, Neukirchen-Vluyn, 2000, S. 184–185)

▷ Katechese
Das war nun die Geschichte von der Berufung der Jünger. „Berufung“, was ist das denn für ein Wort? In Berufung steckt „rufen“. Jesus hat die Männer gerufen. „Kommt und geht mit mir!“ Er ist nicht hingegangen und hat gesagt: „Ich bin Jesus, wollt ihr meine Freunde sein?“ Nein, er hat sie gerufen, aufgefordert, mit ihm zu gehen. Und was machen die Jünger? (...) Die lassen alles liegen und stehen und gehen mit ihm, einfach so! Ihre Boote, ihre Netze, sogar den Vater lassen sie sitzen und gehen mit Jesus. Ich finde das ganz schön mutig von den Jüngern, denn sie kannten Jesus ja nicht und wussten auch nicht, auf was sie sich da einlassen.
Aber vielleicht haben sie da schon gespürt, dass Jesus ein ganz besonderer Mensch ist und dass es etwas ganz besonderes war, dass er gerade sie gerufen hat. Denn was waren die Jünger von Beruf, bevor sie mit Jesus gingen? (...) Fischer waren sie. Einfache Leute, die ihre Netze im See auswarfen, und sich mit dem gefangenen Fisch ihren Lebensunterhalt recht mühsam verdienten. Wir haben euch heute, auch so ein Netz mitgebracht. Wir wollen dieses Netz in unserer Mitte ausbreiten. Mit einem solchen Netz sind auch heute noch die Fischer auf dem Meer unterwegs. Wer schon mal an der See war, hat das bestimmt schon einmal im Hafen gesehen.
Jesus hat zu den Jüngern aber nicht nur gesagt: „Kommt und geht mit mir! Ihr sollt meine Jünger sein“, sondern er hat noch etwas gesagt, was sich komisch anhörte: „Menschenfischer sollt ihr werden!“ Sie, die einfachen Leute ohne Rang und Namen, sollten Menschenfischer werden. Was meinte Jesus denn mit Menschenfischer? Sollten jetzt die Jünger mit einem solchen Netz, wie diesem hier, hinter den Menschen herlaufen und sie einfangen, oder wie können wir uns das vorstellen? Na, ich glaube, Jesus hat etwas anderes damit gemeint. (...)
Die Jünger sollten ihm dabei helfen, die Menschen für Gott und seine Botschaft zu begeistern. Sie sollten das Bindeglied zwischen Jesus und den Menschen sein, die Verbindung herstellen. Schaut euch mal dieses Netz hier an. Die vielen einzelnen Fäden sind miteinander verbunden und bilden so ein Netz, mit dem man zum Beispiel Fische fangen kann. So, wie diese Fäden zu einem Netz verbunden sind, so wollte Jesus mit den Menschen verbunden sein, so sollten aber auch die Menschen untereinander verbunden sein. Aber um das zu erreichen, brauchte Jesus erst einmal Menschen, die ihm folgten. Den

Anfang hat er mit der Berufung der Jünger gemacht und den Jüngern folgten viele, viele Menschen, die sich von der Botschaft Jesu begeistern ließen, bis auf den heutigen Tag.
Vor dem Gottesdienst habt ihr alle einen Fisch bekommen, auf den ihr, oder eure Eltern euren Namen drauf geschrieben haben. Ich lade euch jetzt ein, euren Fisch in dieses Netz zu legen.
Fische in das Netz legen.
Wir alle sind heute zu diesem Gottesdienst hier in die Kirche gekommen, um gemeinsam zu beten, zu singen und vom lieben Gott zu erzählen. Wenn ihr so wollt, sind wir wie Fische in diesem Netz, „gehalten“ von Gottes froher Botschaft. Die Jünger sollten Menschenfischer sein. Sie haben allen Menschen, denen sie begegnet sind, die frohe Botschaft weitererzählt und so immer mehr Menschen für den Glauben an Gott begeistern können. Wenn wir es richtig überlegen, haben die Jünger ihre Aufgabe ja ganz toll gemeistert, denn ihre Begeisterung hat immer wieder Menschen angesteckt, so dass die Botschaft Jesu bis auf den heutigen Tag weitergetragen wird. Wir alle sind Fische in diesem Netz und sind als Jüngerinnen und Jünger Jesu aufgerufen, Menschenfischer zu sein.
Da sind nicht nur die Großen gefragt, nein, ganz besonders die Kleinen sind wichtig. Ihr Kleinen, die ihr immer so begeistert bei den Gottesdiensten dabei seid, ihr könnt uns Großen zeigen, wie lebendig Glauben sein kann.
Ihr macht mit und das ist toll, denn ihr werdet auch eines Tages Menschenfischer sein, wenn ihr mit eurer Freude andere ansteckt und neugierig macht auf das, was Jesus uns zu sagen hat!
„Wir sind die Kleinen in den Gemeinden ...“ Wer singt mit?
Und damit ihr immer wieder daran denkt, dass ihr ein Fisch im Netz Jesu seid, dürft ihr euch nach dem Gottesdienst euren Fisch aus dem Netz fischen und mit nach Hause nehmen.

▷ Fürbitten
Lieber Gott, Jesus hat damals zu Petrus, Andreas, Simon und Johannes gesagt: „Kommt und geht mit mir! Ihr sollt meine Jünger sein. Menschenfischer sollt ihr werden.“ Die vier haben alles liegen und stehen lassen und sind ihm gefolgt. Wir bitten dich:
- Öffne unsere Ohren, wenn du uns rufst und lass uns dir folgen.
- Öffne unseren Mund und lass uns deine Botschaft weitertragen.
- Lass unsere Begeisterung für dich auf andere ansteckend wirken, dass wir gute Menschenfischer werden.

Lieber Gott, wir freuen uns, dass du uns einlädst, Fische in deinem Netz zu sein. Wir danken dir dafür und folgen dir gerne nach.

11. Sturm auf dem See

Dieser Gottesdienst ist in der Vorbereitung sehr aufwändig, in der Durchführung aber um so beeindruckender. Eltern und Kinder, wir alle, waren mitten im Geschehen und haben die Geschichte vom Sturm auf dem See hautnah miterlebt! Dieser Gottesdienst war für alle, die daran teilgenommen haben, ein besonderes Erlebnis!

Vorbereitung

- Liedzettel
- ein Boot, in das möglichst viele Kinder passen; z. B. ein Schlauchboot, oder ein Boot, das im Vorfeld selber gebaut wird
- helle und dunkle Tücher (z. B. hellblau und hellgrün für ruhiges Wasser und leichten Wind, dunkelblau und schwarz für Wellen und Sturm)
- Musik mit ruhigen und mit lauten Passagen, dem Textverlauf angepasst
- zum Mitgeben für die Kinder ein Faltblatt, mit einem Boot zum Ausmalen und dem Abruck der Geschichte

Die Eltern werden vor dem Gottesdienst um tätige Mithilfe beim „Sturmspielen" gebeten.

Ablauf

▷ Eröffnung

▷ Begrüßung

▷ Anzünden der Kerze

▷ Gemeinsames Kreuzzeichen

▷ Lied
– SL 224: Wir fangen an, fröhlich zu sein (Text: Rolf Krenzer; Musik: Detlev und Lele Jöcker; aus Liedspielheft und MC: „Und sie fingen an, fröhlich zu sein", Rechte beim Menschenkinder Verlag, Münster)

▷ Einführung
Eine Geschichte, die von einer brenzligen Situation erzählt.

▷ Schrifttext: „Im Sturm", nach Mk 4,35-41, aus: Irmgard Weth, Neukirchener Kinder-Bibel, mit Bildern von Kees de Kort, 12.

überarb. Aufl. in neuer Rechtschreibung, Kalenderverlag des Erziehungsvereins, Neukirchen- Vluyn, 2000.

Parallel zum Schrifttext wird das Gehörte mitgespielt.

▷ Katechese
Reflexion des Erlebten; Angst/Vertrauen
Wir müssen keine Angst haben, weil Jesus mit im Boot ist.

▷ Lied, wird während der Katechese gesungen
– SL 218: Das wünsch ich sehr (Text: Kurt Rose; Musik: Detlev Jöcker; aus: „Licht auf meinem Weg", Rechte: Menschenkinder Verlag, Münster)

▷ Vaterunser

▷ Segensgebet

▷ Segen, Kindersegen

▷ Lied
– SL 249: Halte zu mir, guter Gott (Text: Rolf Krenzer; Musik: Ludger Edelkötter; aus: „Halte zu mir heute", Rechte beim Impulse-Musikverlag, Drensteinfurt)

Elemente für den Gottesdienst

▷ Einführung
Ihr habt ja schon alle entdeckt, was wir euch heute mit in die Kirche gebracht haben! Ein Boot!
Wer von euch hat denn schon einmal in einem solchen Boot gesessen? Hat es sehr heftig geschaukelt, oder war das Wasser ganz ruhig? Da kann einem schon ein bisschen bang werden, wenn so ein kleines Boot in unruhiges Wasser gerät und heftig hin und her schaukelt!
Wir haben euch heute eine Geschichte mitgebracht, in der ein solches Boot eine Rolle spielt. Die Geschichte erzählt von Jesus, seinen Jüngern, einem Boot und einem Sturm! Aber hört selbst, was da so alles passiert ist!

▷ Schrifttext
Es war Abend. Jesus saß mit seinen Jüngern am See Genezaret. Er war sehr müde. Viele Menschen waren an diesem Tag zu ihm gekommen. Auch jetzt noch ließen sie ihm keine Ruhe. Da sagte Jesus zu seinen Jüngern: „Kommt! Wir wollen ans andere Ufer fahren!"
Sie stiegen ins Boot und fuhren hinaus auf den See.

Die Kinder werden eingeladen, ins Boot einzusteigen.
Jesus aber nahm ein Kissen, legte sich hinten ins Boot und schlief ein.
Leise, ruhige Musik im Hintergrund.
Die Sterne leuchteten klar.
Sterne mit gespreizten, nach oben gereckten Händen darstellen.
Die Wellen plätscherten leise und der Wind blies sanft in die Segel.
Mit den hellen Tüchern sanfte Wellenbewegungen darstellen, leise pusten. Helle Tücher um das Boot legen.
Aber plötzlich zog ein Sturm auf. Der Himmel wurde ganz schwarz. Es stürmte und brauste.
Heftig pusten. Schwarze Tücher symbolisieren den dunklen Himmel. Dunkelblaue Tücher werden über die hellen Wellentücher gelegt. Die Musik wird lauter und stürmischer.
Das Segel zerriss. Die Wellen tobten und schlugen ins Boot.
Aktionen fortführen, am Boot wackeln.
Da überfiel die Jünger furchtbare Angst. Sie klammerten sich an das Boot. Sie schrien um Hilfe.
Die Kinder treten in ihrem Boot in Aktion.
Konnte denn Jesus nicht helfen? Aber wo war Jesus?
Er lag hinten im Boot und schlief immer noch tief, mitten im Sturm. Da rüttelten die Jünger ihn wach und schrien laut: „Herr! Hilf uns! Siehst du denn nicht? Wir gehen unter!“ Endlich öffnete Jesus die Augen. Er sah auf den Sturm, der um sie tobte. Und er sah die Angst in den Augen der Jünger.
Hier wird noch mal Sturm gespielt. s. o.
Er stand auf, erhob seine Hand drohend gegen den Sturm und rief laut über die Wellen: „Schweig und sei still!“ Auf einmal wurde es ganz still.
Parallel zum Text kehrt Ruhe ein. Die Musik wird wieder ruhiger.
Der Wind legte sich. Die Wellen wichen zurück. Das Schiff glitt ruhig durch das Wasser.
Die dunklen Tücher werden weggenommen, die Hellen liegen wieder um das Boot. Die Musik ist wieder ganz ruhig und leise.
„Warum hattet ihr solche Angst?“ fragte Jesus die Jünger. „Ich bin doch bei euch! Habt ihr denn kein Vertrauen zu mir?“ Die Jünger aber waren sprachlos. Sie sahen einander an und flüsterten erschrocken: „Wer ist nur dieser Jesus? Sogar der Wind und die Wellen gehorchen ihm!“
Die Musik läuft noch ein wenig weiter, damit die Kinder das Erlebte verarbeiten und sich wieder beruhigen können.

(Nach: Irmgard Weth, Neukirchener Kinder-Bibel, mit Bildern von Kees de Kort, 12. überarb. Aufl. in neuer Rechtschreibung, Kalenderverlag des Erziehungsvereins, Neukirchen- Vluyn, 2000)

▷ Katechese

Die Kinder sollten innerhalb der Katechese genügend Raum haben, das Erlebte zum Ausdruck zu bringen.

Puh, das war aber eine spannende Geschichte! Da haben ja alle richtig mitgefiebert! Lasst uns noch mal gemeinsam überlegen, was da so alles passiert ist! Ihr seid genau wie die Jünger damals, ins Boot gestiegen. Erst war ja auch alles in Ordnung, der See war ruhig und das Boot lag ruhig im Wasser. Aber was passierte denn dann? (...) Ein Sturm kam auf! Euer Boot fing ganz schön an zu schaukeln, der Wind pfiff um die Ecke, die Wellen schlugen ins Boot! Das war ganz schön unheimlich! Da konnte man schon Angst bekommen!?

Genauso haben das damals die Jünger auf dem See Genezaret erlebt. Die hatten richtig Angst! Aber die Jünger waren ja nicht allein im Boot. Wen hatten sie noch mit dabei? (...) Jesus war noch mit im Boot. Aber wo war er denn, als der Sturm so richtig tobte? (...) Er lag im Boot und schlief tief und fest! Jesus kriegte von all dem nichts mit. Das kann man sich fast gar nicht vorstellen. Die Jünger haben Jesus geweckt und was passierte dann? (...) Jesus befahl dem Sturm: „Schweig und sei still!" Und, ihr habt es eben auch erlebt, der Sturm legte sich, die Gefahr war vorbei. Dann sagt Jesus etwas ganz Wichtiges zu den Jüngern: „Warum habt ihr Angst? Ich bin doch bei euch! Habt doch Vertrauen!"

Ich bin doch bei euch! Diese Zusage Jesu gilt auch uns. Jesus ist bei uns. Immer! Er sitzt mit uns im Boot und passt auf uns auf. Es gibt ein Lied, das kennt ihr alle! Es formuliert einen Wunsch, den uns Jesus erfüllt: *„Das wünsch ich sehr, dass immer einer bei mir wär, der lacht und spricht: „Fürchte dich nicht!"*

Wir dürfen darauf vertrauen, dass Jesus immer bei uns ist. Er ist bei uns, wenn wir uns freuen und er ist bei uns, wenn wir traurig sind. Er ist bei uns, wenn wir etwas wagen und ganz mutig sind und Jesus ist bei uns wenn wir Angst haben. Er ist bei uns, wenn wir mit Freunden zusammen sind und er ist bei uns, wenn wir alleine sind.

Das wünsch ich sehr, dass immer einer bei mir wär, der lacht und spricht: „Fürchte dich nicht!"

Jesus hat zu den Jüngern gesagt: „Habt doch Vertrauen!" Wenn ich jemandem vertrauen kann, weiß ich, dass ich mich auf ihn verlassen kann, egal was kommt. Diesem Menschen kann ich alles erzählen.

Ich kann ihm z. B. meine Geheimnisse anvertrauen, weil ich weiß, dass dieser Mensch mein Geheimnis nicht ausplaudert.
Jesus möchte, dass wir ihm vertrauen! Wir können ihm alles sagen, unsere Freude, unseren Dank, unseren Ärger und unseren Streit. Er ist bei uns und er ist für uns da. Er verspricht uns: „Ihr braucht keine Angst zu haben, ich beschütze euch!" Das ist doch ein ganz tolles Versprechen!
Das wünsch ich sehr, dass immer einer bei mir wär, der lacht und spricht: „Fürchte dich nicht!"

▷ Vaterunser

▷ Segensgebet
Guter Gott, du hast uns diese Kinder anvertraut, damit wir sie auf ihrem Weg durchs Leben begleiten.
Wir bitten dich: Segne diese Kinder und bewahre sie vor allen Gefahren des täglichen Lebens.
Halte deine Hand über sie und schenke ihnen die Gewissheit, dass du immer bei ihnen bist.
Lass uns Eltern gute Wegbegleiter sein und stärke unser Vertrauen in deine Gegenwart.
Schenke du uns allen deinen reichen Segen.

▷ Segen, Kindersegen

12. Die Brotvermehrung/Das Lied vom kleinen Jonathan

„Stark, das ist ja wie bei Jesus damals!" war der Kommentar eines Kindes nach diesem Gottesdienst. Die Botschaft war angekommen. So wie die fünftausend Menschen damals mit fünf Broten und zwei Fischen gesättigt wurden, reichten die fünf kleinen Fladenbrote für die Gottesdienstgemeinde von rund 40 Eltern und Kindern, und: Es blieb sogar etwas übrig!

Vorbereitung

– Liedzettel
– 5 kleine Fladenbrote

Ablauf

▷ Eröffnung

▷ Begrüßung

▷ Anzünden der Kerze

▷ Gemeinsames Kreuzzeichen

▷ Lied
– SL 151: Gottes Liebe ist so wunderbar (Negro Spiritual)

▷ Einführung
Wenn jeder gibt, was er hat, dann werden alle satt!

▷ Schrifttext: „Alle wurden satt", nach Mk 6,33-44, aus: Irmgard Weth, Neukirchener Kinder-Bibel, mit Bildern von Kees de Kort, 12. überarb. Aufl. in neuer Rechtschreibung, Kalenderverlag des Neukirchener Kalenderverlags, Neukirchen- Vluyn 2000.

▷ Lied, wird strophenweise in den Schrifttext eingeschoben
– SL 99: Der kleine Jonathan (Text: Rudolf Otto Wiemer; Musik: Ludger Edelkötter; aus: „Bibl. Spiellieder Äthiop.", 1989, Rechte beim Impulse- Musikverlag, Drensteinfurt)

▷ Katechese
kurze Aufarbeitung des Schrifttextes; Brot teilen

▷ Fürbitten

▷ Vaterunser

▷ Segen, Kindersegen

▷ Lied
– SL 86: Guter Gott, danke schön (Text: H. Bergmann; Musik: H. Wortmann; aus: SU 330 „Pfälzer Kindermesse“, Rechte beim Studio Union im Lahn- Verlag, Limburg)

Elemente für den Gottesdienst

▷ Einführung
Zum heutigen Gottesdienst haben wir euch eine Geschichte von Jesus und seinen Jüngern mitgebracht, in der es um das Teilen geht. Teilen, das heißt, anderen etwas abzugeben, von dem, was ich habe. Das kann eine ganz spannende Angelegenheit sein, wie wir gleich in der Geschichte hören werden. Die Erwachsenen hier kennen vielleicht den Refrain aus einem neuen geistlichen Lied, wo es heißt: „Wenn jeder gibt, was er hat, dann werden alle satt ...“ Diese Erfahrung haben die Menschen damals bei Jesus gemacht.
Es gibt ein Lied, das von einem kleinen Jungen namens Jonathan erzählt, der damals dabei war, als Jesus in der Wüste war. Die einzelnen Strophen dieses Liedes wollen wir in die folgende Erzählung einschieben und gemeinsam singen.

▷ Schrifttext
Als Jesus in der Wüste war, da war'n fünftausend Menschen.
Da waren Frau und Kind und Mann, da war der kleine Jonathan.
Da waren Frau und Kind und Mann und viele, viele Kinder.

Die Sonne ging schon bald unter. Aber immer noch standen Menschen bei Jesus und hörten ihm zu. Da kamen die Jünger zu Jesus und sagten: „Die Leute haben Hunger. Bald wird es Nacht und hier ist es einsam. Schick sie endlich nach Hause! Dann können sie sich unterwegs noch etwas Brot kaufen.“
Aber Jesus sprach: „Gebt ihr ihnen zu essen!“ Die Jünger sahen Jesus erstaunt an. „Sollen wir denn weggehen und Brot kaufen für so viele Menschen? Mindestens 200 Silberstücke müßten wir dafür bezahlen. Und es würde trotzdem lange noch nicht reichen!“
„Wieviel Brot habt ihr hier?“ fragte Jesus die Jünger. „Fragt einmal nach und sagt mir Bescheid!“ Da machten sich die Jünger auf die Suche nach Brot. Bald kamen sie zurück und meldeten Jesus: „Wir

haben einen Jungen gefunden, der hat fünf Brote und zwei Fische. Aber was sind fünf Brote und zwei Fische für so viele Menschen?"
„Bringt das Brot und die Fische zu mir!" befahl Jesus. „Und sagt allen, sie sollen sich setzen."
Da setzten sich alle in Gruppen ins Gras, immer fünfzig oder hundert zusammen. Fast sah es so aus, als ob sie sich um einen gedeckten Tisch setzten.

Und als der große Hunger kam, sprach Jesus Ihr müsst teilen.
Da teilten Frau und Kind und Mann, da teilt der kleine Jonathan.
Da teilten Frau und Kind und Mann und viele , viele Kinder.

Jesus aber nahm das Brot, schaute auf zum Himmel, dankte Gott, brach es und gab es den Jüngern. Die teilten das Brot aus und auch die Fische. Immer mehr Brot und immer mehr Fisch teilten sie aus an alle, Männer, Frauen und Kinder.

Und Jesus segnet Fisch und Brot und sagt: „Kommt her und esset!"
Da aßen Frau und Kind und Mann, da aß der kleine Jonathan.
Da aßen Frau und Kind und Mann und viele , viele Kinder.

Alle aßen und wurden satt, ja mehr als satt! Danach sammelten die Jünger auf, was übriggeblieben war: Zwölf volle Körbe! Nur fünf Brote und zwei Fische waren es gewesen. Aber Jesus hatte mehr als 5 000 Menschen satt gemacht.

Und alle Menschen wurden satt, die dort bei Jesus saßen.
Satt wurden Frau und Kind und Mann, satt war der kleine Jonathan.
Satt wurden Frau und Kind und Mann und viele, viele Kinder.
(Aus: Irmgard Weth, Neukirchener Kinder-Bibel, mit Bildern von Kees de Kort, 12. überarb. Aufl. in neuer Rechtschreibung, Kalenderverlag des Neukirchener Kalenderverlags, Neukirchen- Vluyn 2000)

▷ Katechese
Seid mal ehrlich, hättet ihr das gedacht, dass die Geschichte so ausgeht?
Da waren ganz schön viele Menschen bei Jesus. Wisst ihr noch, wie viele das waren? (. . .) 5000 Menschen, so viele passen in ein mittelgroßes Fußballstadion. Und alle diese Menschen hatten Hunger, denn sie waren schon den ganzen Tag bei Jesus und hörten ihm zu. Damals gab es nicht an jeder Ecke ein Restaurant, einen Bäckerladen oder ein Mc Donalds, wie das heute in unseren Breiten so üblich ist, so dass es gar nicht so einfach war, mal eben etwas zu essen zu besorgen. Deshalb reagierten die Jünger ja auch ziemlich erstaunt,

als Jesus ihnen sagte: „Gebt ihr ihnen zu essen!“ Ich kann mir vorstellen, dass die Jünger ganz schön genervt waren. Den ganzen Tag waren die vielen Leute um sie herum, drängten sich um Jesus, wollten ihm zuhören und nun, als es Abend wird und sie eigentlich genug von dem ganzen Trubel haben, sollen sie denen allen auch noch zu essen geben!

„Sollen wir denn weggehen und Brot kaufen für die ganzen Menschen?“ fragen sie dann auch sofort. Jesus hat bestimmt gemerkt, dass die Jünger ein wenig sauer waren und er schickt sie los, bei den Leuten zu fragen, wer etwas Brot dabei hat. Die Jünger werden ja dann auch fündig. (. . .) Fünf Brote und zwei Fische bringen sie zu Jesus. Das war ja auch nicht gerade viel für 5000 Menschen?! Und was machte Jesus mit den fünf Broten und zwei Fischen? (. . .) Er sprach ein Dankgebet und segnete das Essen. Dann geschieht das, was keiner für möglich gehalten hatte. Die Jünger teilten die Brote und die Fische an die Menschen aus und alle aßen und wurden satt. Die Menschen damals bezeichneten das Ereignis als Brotwunder. Und ein Wunder ist es ja wirklich, dass so viele Menschen von den paar Broten und Fischen satt wurden und sogar noch etwas übrig blieb: 12 Körbe voll sammelten die Jünger wieder ein.

Diese Geschichte will aber nicht nur als Bericht über dieses Wunder verstanden werden. Sie will uns deutlich machen, dass auch wir andere satt machen können, wenn wir teilen. Das kann der Apfel, oder das Pausenbrot sein, das wir mit dem Kind teilen, das nichts zu essen mit hat. Das kann die Tüte Gummibärchen sein, die wir auf dem Spielplatz mit unseren Freunden teilen und bezogen auf unsere Erde können wir auch alle die Menschen satt machen, denen jeden Tag das Nötigste fehlt, wenn wir alle mithelfen, die Güter unserer Erde gerechter zu verteilen. Jeder Einzelne von uns kann dazu beitragen. Denn wenn wir das Teilen einüben, wenn es für uns selbstverständlich wird, dann können wir mit unserem Tun andere überzeugen, das Gleiche zu tun. In einem Lied von Detlev Jöcker heißt es: „Viele kleine Leute an vielen kleinen Orten, die viele kleine Schritte tun, können das Gesicht der Welt verändern.“ (Text: afrikanisches Sprichwort; Musik Detlev Jöcker; aus: CD,MC und Buch „Deine Welt ist meine Welt“, Rechte beim Menschenkinder- Verlag, Münster)

Wir wollen jetzt gleich auch das Brot teilen, genau wie die Menschen das damals getan haben. Vorher wollen wir aber noch die letzte Strophe des Liedes vom kleinen Jonathan singen:

Denn Brot, das man mit ander'n teilt, wird wunderbar sich mehren.
Es dankten Frau und Kind und Mann, es dankt der kleine Jonathan.

Es dankten Frau und Kind und Mann und viele, viele Kinder.
– SL 99: Der kleine Jonathan (Text: Rudolf Otto Wiemer; Musik: Ludger Edelkötter; aus: „Bibl. Spiellieder Äthiop.“, 1989, Rechte beim Impulse- Musikverlag, Drensteinfurt)
An dieser Stelle wird mit allen GottesdienstteilnehmerInnen das Brot geteilt. Vielleicht bleibt ja auch hier etwas übrig?

▷ Fürbitten:
Lieber Gott, du freust dich, wenn wir zusammenkommen und in deinem Namen Gottesdienst feiern. Dir dürfen wir alles sagen und voll Vertrauen unsere Bitten vortragen:
- So viele Kinder haben Hunger, weil sie kein Brot haben.
  Zeige uns, wie wir teilen können, damit alle Kinder satt werden.
- Viele Kinder sind traurig und allein, weil sie keinen Menschen haben, der sich liebevoll um sie kümmert. Hilf uns, besonders zu diesen Kindern freundlich zu sein, damit sie wieder fröhlich sein können.
- Viele Kinder haben keine Wohnung und kein Haus und müssen auf der Straße leben. Schick du ihnen Menschen, die sich um sie kümmern und ihnen ein Zuhause geben.

Lieber Gott, du sorgst für uns wie eine gute Mutter und ein guter Vater. Gib uns den Mut, unser Leben da zu teilen, wo wir es können, damit alle Menschen durch uns deine Liebe spüren.

13. Der barmherzige Samariter

Vorbereitung

- Liedzettel
- Diaserie zur Geschichte „Der barmherzige Samariter“, Bilder von Kees de Kort, erhältlich in den diözesanen Medienzentren.
- Plakat mit Auge/Plakat mit Herz und Hand
- Auge, Herz und Hand als Malvorlage zum Mitnehmen

Ablauf

▷ Eröffnung

▷ Begrüßung

▷ Anzünden der Kerze

▷ Gemeinsames Kreuzzeichen

▷ Lied
– SL 3: Es läuten alle Glocken (Text: H. Bergmann; Musik: H. Wortmann; aus: SU 330 „Pfälzer Kindermesse“, Rechte beim Studio Union im Lahn- Verlag, Limburg)

▷ Einführung
Wer ist mein Nächster?

▷ Schrifttext „Der barmherzige Samariter“, nach Lk 10,25-37, aus: Hellmut Haug, Das große Bibelbilderbuch, Deutsche Bibelgesellschaft Stuttgart, 1994 (S. 226–237)
Parallel zur Schriftlesung werden die Dias gezeigt.

▷ Lied
– SL 97: Auf dem Weg nach Jericho (Text: Rolf Krenzer; Musik: Peter Janssens; aus: „Kommt alle und seid froh“, 1982, Rechte im Peter Janssens Musik Verlag, Telgte)

▷ Katechese
Die anderen nicht übersehen. Beispiele aus der Erlebenswelt der Kinder: Spielen, Essen, Kindergarten. Plakate in der Katechese einsetzen.

▷ Fürbitten

▷ Vaterunser

▷ Segen, Kindersegen

▷ Lied
– SL 221: Wenn einer sagt: „Ich mag dich, du“, Str. 1,4 (Text und Melodie: Andreas Ebert; aus „Feiert Gott in eurer Mitte“, Rechte beim Hänssler Verlag, Neuhausen- Stuttgart)

Elemente für den Gottesdienst

▷ Einführung
In unserem Gottesdienst hören wir eine Geschichte, in der es um den „Nächsten“ geht. Der Nächste, wer ist das denn? „Der Nächste bitte!“, das kennt ihr sicherlich vom Doktor, oder vom Einkaufen. Da sind wir meist ganz froh, wenn wir „der Nächste“ sind, das heißt nämlich, dass wir jetzt an der Reihe sind. Du bist dran!
Das Wort kann aber auch noch eine etwas andere Bedeutung haben. Welche, das erklärt Jesus einem Mann mit einer Geschichte. Diese Geschichte wollen wir uns nun auch anschauen und anhören.

▷ Schrifttext und Diaserie
Ein Mann spricht mit Jesus. Die Leute hören zu. Der Mann fragt: „Was will Gott von mir?“ Jesus sagt: „Du kannst doch lesen! Was liest du in der Bibel?“
Der Mann sagt: „Liebe Gott und deinen Nächsten!“ Jesus sagt: „Tu das!“
Der Mann sagt: „Das tue ich. Aber wen soll ich denn alles lieben? Wer ist denn das, mein Nächster?“ Da erzählt Jesus eine Geschichte:
Ein Mann aus Jerusalem macht eine Reise. Er will nach Jericho. Auf dem Weg überfallen ihn Räuber. Sie schlagen ihn. Sie nehmen ihm alles weg. Sie laufen fort. Sie lassen ihn halbtot liegen.
Ein anderer Mann kommt. Er war im Tempel in Jerusalem. Sein Beruf ist es, Gott zu dienen. Er ist ein Priester. Er sieht den verletzten Mann. Aber er schaut weg und geht vorbei. Wieder kommt ein Mann aus Jerusalem. Auch er war im Tempel. Dort hilft er dem Priester beim Gottesdienst. Er sieht den verletzten Mann. Auch er geht vorbei.
Dann kommt ein Mann aus Samarien, ein Samariter. Die Leute von Jerusalem und Samarien sind Feinde. Der Samariter sieht den Mann liegen. Er bleibt stehen. Er geht zu ihm hin. Er reinigt seine Wunden. Er verbindet ihn.

Dann hebt er den Mann auf seinen Esel. Er bringt ihn in ein Gasthaus. Dort bleiben sie über Nacht. Der Samariter sorgt für den verletzten Mann. Am nächsten Morgen gibt er dem Wirt Geld. Er sagt: „Sorge für den Mann!"
Diese Geschichte erzählt Jesus. Dann sagt er: „Wer von den drei hat gewusst, wer sein Nächster ist?" Der Mann, der gefragt hat, antwortet: „Der, der ihm geholfen hat." Jesus sagt: „Mach du es ebenso, wie er!"
(„Der barmherzige Samariter", nach Lk 10,25-37, aus: Hellmut Haug, Das große Bibelbilderbuch, Deutsche Bibelgesellschaft Stuttgart, 1994 (S. 226–237)

▷ Katechese

Bevor wir noch ein wenig über diese Geschichte nachdenken, wollen wir das Lied singen: *„Auf dem Weg nach Jericho . . ."*
Ja, auf dem Weg nach Jericho ist eine ganze Menge passiert. (. . .) Da wird einer überfallen und bleibt verletzt und hilflos liegen. Dann kommt ein Mann vorbei, ein Priester, ein hoch angesehener Mann, auf den die Leute hören, ein Mann, der etwas zu sagen hat. Er sieht den Verletzten und . . . geht weiter. Dann kommt noch so ein wichtiger Mann, er kommt auch aus dem Tempel, wo er dem Priester hilft. Der sieht den Verletzten und geht auch weiter. Ja und dann kommt ein Mann aus Samarien. Dieser Mann hat eigentlich mit den Juden nichts am Hut, denn die Juden sind mit den Samaritern verfeindet, die haben Krach untereinander. Eigentlich könnte man es einsehen, wenn dieser Samariter denkt: „Was kümmert mich dieser Mann da. Das ist mein Feind, den lasse ich liegen!" Tut er aber nicht! (. . .) Er hilft dem Verletzten und sorgt dafür, dass er gesund gepflegt wird.
Der Samariter tut das, was die anderen beiden vorher eigentlich schon hätten tun müssen: Er hilft dem Überfallenen!
Wenn wir jetzt noch mal an die Frage vom Anfang zurückdenken, wer denn der Nächste ist, dann können wir sie jetzt ganz leicht beantworten. Der Nächste ist der, der unsere Hilfe braucht! Auch, oder gerade dann, wenn er nicht unser Freund ist.
Was hat das aber jetzt mit uns und unserem Leben zu tun? Wir begegnen ja Gott sei Dank nicht ständig irgendwelchen Menschen, die überfallen am Wegesrand liegen! Für uns gilt das Gebot aber doch auch: „Du sollst deinen Nächsten lieben!"
Auch um uns herum gibt es Menschen, die immer mal wieder unsere Hilfe brauchen. Zum Beispiel das Kind im Kindergarten, das traurig ist, weil es keiner mitspielen lässt. Was könnt ihr da tun? (. . .) Wichtig ist, dass ihr seht: Da ist jemand traurig und allein. *Plakat mit dem Auge zur Hand nehmen.* Das Sehen ist schon ganz wichtig. Aber

dann muss auch etwas passieren, denn die beiden Männer aus dem Tempel haben in unserer Geschichte den Verletzten ja auch gesehen, aber getan haben sie nichts! Dann muss gehandelt werden! *Plakat mit Herz und Hand zeigen.* Was könntet ihr denn im Kindergarten tun, wenn ihr seht, dass ein Kind traurig ist, weil es keinen zum Spielen hat? (...) Ihr könnt hingehen und es einladen, mit euch zu spielen. Dann tut ihr genau das, was dieses Bild symbolisch sagen will: Ihr helft! Das Herz steht für das Empfinden, dass jemand Hilfe braucht. Die Hand steht für das Helfen.
Ein anderes Beispiel: Ihr packt in der Schule ein ganz tolles Pausenbrot aus. Während ihr genüsslich ins Brot beißt, seht ihr, dass euer Klassenkamerad sein Schulbrot vergessen hat. *(Auge)* Jetzt könntet ihr denken: „Selber schuld, wenn der so schusselig ist und immer alles vergisst!“ Ihr könntet euch aber auch an die Geschichte vom barmherzigen Samariter und an diesen Gottesdienst erinnern. *(Herz und Hand).* (...)
Ihr könntet das Brot teilen. Damit habt ihr bestimmt einen neuen Freund gewonnen.
Ein Beispiel fällt mir noch ein, weil ich es neulich selbst erlebt habe. Auf dem Spielplatz spielten mehrere Kinder. Plötzlich kam es zum Streit, in dessen Verlauf sich eine richtige Rauferei entwickelte. Drei Jungs nahmen einen vierten in die Zange und verprügelten ihn. Zwei andere Jungen hatten die Prügelei vom Klettergerüst aus beobachtet *(Auge)* und ehe wir Erwachsenen reagiert hatten, kamen die beiden dem anderen Jungen zur Hilfe. Sie gingen mit soviel Mut dazwischen, um ihrem Freund zu helfen, dass die anderen drei ganz überrascht waren und aufhörten. *(Herz und Hand)*
Wir Erwachsenen waren ganz beeindruckt, wie schnell und mutig die beiden reagiert hatten. Es gibt sicher noch jede Menge Beispiele, die uns zeigen, dass die Geschichte vom barmherzigen Samariter auch für uns heute aktuell ist. Unser Nächster ist der, der unsere Hilfe braucht. Es ist wichtig, dass wir es sehen und ganz wichtig ist, dass wir dann auch handeln.
Damit ihr euch immer wieder daran erinnert, haben wir hier das Auge, das Herz und die Hand, die wir auf unseren Plakaten haben, als Malvorlage für euch verkleinert. Die könnt ihr euch zu Hause noch bunt anmalen und z. B. an die Pinwand hängen.

▷ Fürbitten:
Lieber Gott, du willst, dass wir barmherzige Samariter sind, dass wir unserem Nächsten helfen. Du bist unser Freund und wir wollen dir auf dem Weg der Liebe folgen. Dazu erbitten wir deine Hilfe.

- Öffne uns unsere Augen, damit wir es sehen, wenn ein anderer unsere Hilfe braucht.
- Öffne unsere Herzen und Hände, damit wir da helfen, wo es nötig ist.
- Gib uns den Mut, mit denen zu reden, die von den anderen abgelehnt werden und im Abseits stehen.
- Lass uns mutig die in Schutz nehmen, die von anderen verlacht werden.
- Wecke in uns die Bereitschaft, mit anderen zu teilen

Für den barmherzigen Samariter war der Fremde wie ein Bruder und eine Schwester.

Lieber Gott, gib du uns den Mut des Samariters auf allen unseren Wegen, dass wir in allen Menschen unsere Geschwister sehen und ihnen helfen.

14. Das Gleichnis vom verlorenen Schaf

Vorbereitung

- Liedzettel
- Schäfchen aus Tonkarton (schön sind 100, zumindest aber sollte für jeden GD Teilnehmer ein Schäfchen da sein)
- Bilder zur Geschichte, die aus dem Bilderbuch „Das kleine Schaf", (nacherzählt von Heidi Borrink, illustriert von Ellen Weiss, übersetzt von Ursula Kunrath; Rechte beim Hänssler Verlag, Neuhausen) farbig kopiert oder abgezeichnet werden. Uns gefiel die liebevolle Illustration sehr gut.

Ablauf

▷ Eröffnung

▷ Begrüßung

▷ Anzünden der Kerze

▷ Gemeinsames Kreuzzeichen

▷ Lied
– SL 3: Es läuten alle Glocken (Text: H. Bergmann; Musik: H. Wortmann; aus: SU 330 „Pfälzer Kindermesse", Rechte beim Studio Union im Lahn Verlag, Limburg)

▷ Einführung
Für Jesus sind wir alle wichtig. Er sucht uns. Jesus hat das den Menschen mit einem Gleichnis erklärt.

▷ Schrifttext nach Lk 15,1-7 aus dem Bilderbuch „Das kleine Schaf" (Quellenangabe s. o.)

▷ Lied
Das Lied vom verlorenen Schäfchen (Text: Rolf Krenzer; Musik: Detlev Jöcker; aus CD,MC und Buch „Wir kleinen Menschenkinder", Rechte beim Menschenkinder Verlag, Münster)

▷ Katechese
Gott kennt uns alle, so wie der Hirte alle seine Schafe kennt und merkt, wenn eines von ihnen fehlt. Wir sind nicht allein, weil Gott auf uns aufpasst, wie der Hirte auf seine Schafe.

▷ Lied
– SL 221: Wenn einer sagt: „Ich mag dich, du“ (Text und Melodie: Andreas Ebert; aus „Feiert Gott in eurer Mitte“, Rechte beim Hänssler Verlag, Neuhausen- Stuttgart)

▷ Vaterunser

▷ Segen, Kindersegen

▷ Lied
– SL 249: Halte zu mir, guter Gott (Text: Rolf Krenzer; Musik: Ludger Edelkötter; aus: „Halte zu mir heute“, Rechte beim Impulse Musikverlag, Drensteinfurt)

Elemente für den Gottesdienst

▷ Einführung
Schaut mal, was wir euch heute zum Gottesdienst mitgebracht haben. Ganz viele Schäfchen, 100 Schäfchen sind es, um genau zu sein. Was haben die denn wohl mit unserem Gottesdienst zu tun?
Jesus, das haben wir schon öfter gehört, war viel unterwegs und traf mit vielen Menschen zusammen, die sein Wort hören wollten. Diesen Menschen hat er von Gott, seinem und unserem Vater im Himmel, erzählt. Er wollte den Menschen deutlich machen, dass jeder einzelne von ihnen für Gott und für Jesus wichtig ist. Dass er die Menschen damals und auch uns heute, dass er alle kennt und er jeden sucht, der verloren geht. Damit die Menschen damals und wir auch verstehen können, was er meinte, hat er ihnen eine Geschichte, wir sagen dazu auch Gleichnis, erzählt. Es ist die Geschichte vom verlorenen Schaf.
Zu dieser Geschichte haben wir euch Bilder mitgebracht, die wir uns dabei anschauen.

▷ Schrifttext
Jesus erzählte seinen Freunden diese Geschichte, um zu zeigen, dass Gott sich um uns Menschen kümmert, wie ein Hirte um seine Schafe.
Es war einmal ein Hirte, der hatte 100 Schafe. Der Hirte kannte jedes Schaf mit Namen und er hatte jedes einzelne lieb.
Jeden Abend zählte er seine Schafe, um sich zu vergewissern, dass sich alle Schafe sicher im Pferch befanden. Eines Tages aber zählte der Hirte nur noch neunundneunzig Schafe. Ein Schaf fehlte.
Sofort ließ der Hirte die neunundneunzig Schafe allein und zog los, um das verlorene Schaf zu suchen.

Der Hirte suchte oben ... und suchte unten. Er suchte hier ... und dort. Er suchte überall! Bis er schließlich etwas hörte, nur ganz schwach ...
Da, auf einem Felsvorsprung war das verlorene Schaf. Der Hirte bückte sich und hob das verängstigte Schaf hoch. Er nahm das kleine Schaf behutsam auf seine Schultern und trug es nach Hause.
Der Hirte war so voller Freude, dass er ein Fest gab!
Jesus sagt: Gott ist wie der Hirte und wir Menschen sind manchmal wie das Schaf. Aber wenn wir zu Gott zurückfinden, ist Gott genauso glücklich wie der Hirte, der sein Schaf wiederfand.
(Nach Lk 15,1-7, aus dem Bilderbuch „Das kleine Schaf", nacherzählt von Heidi Borrink, illustriert von Ellen Weiss, übersetzt von Ursula Kunrath, Rechte beim Hänssler Verlag, Neuhausen)

▷ Katechese
Das war das Gleichnis vom verlorenen Schaf. Wir haben auf unseren Liedzetteln ein Lied vom verlorenen Schaf und das wollen wir jetzt gemeinsam singen. *Das Lied kann auch als Spiellied eingesetzt werden, d. h. ein Kind spielt Schäfchen und versteckt sich unter der Bank, hinter einem Erwachsenen ... und andere Kinder, oder auch die Eltern suchen während des Liedes das „verlorene Schaf."*

Die Freude war riesengroß, als der Ausreißer wieder bei der Herde war. Wie sagt Jesus am Ende der Geschichte: „Gott ist wie der Hirte und wir Menschen sind manchmal wie das Schaf. Aber wenn wir zu Gott zurückfinden, ist Gott genauso glücklich wie der Hirte, der sein Schaf wiederfand." Auf den ersten Blick ist das ja ein witziger Vergleich: Wir Menschen sind manchmal wie Schafe und Gott ist wie ein guter Hirt. Aber wenn wir uns dieses Bild mal genauer anschauen, verstehen wir, was Jesus damit meint.
Wer weiß denn, was ein Hirte so tut? (...) Er passt auf seine Schafe auf, er sorgt dafür, dass sie immer genug zu fressen und zu trinken haben, er sucht frische Weiden für seine Tiere und beschützt sie vor Feinden. Ich habe mal mit einem Hirten einer großen Schafherde gesprochen und der hat mir gesagt, dass er tatsächlich alle seine Tiere kennt und auch schnell merkt, wenn ein Tier fehlt.
Genau das tut der liebe Gott auch. Er beschützt uns und passt auf, dass uns nichts passiert. Und, was ganz wichtig ist, er kennt uns alle mit unserem Namen. Schaut euch mal die Schäfchen an, die wir heute mit in die Kirche gebracht haben. Die wollen wir jetzt gemeinsam auf die Bilder unserer Geschichte verteilen. Da wird wohl genug Grasfläche da sein, dass jedes Schaf einen Platz findet. Unsere Schafe sehen sich alle ziemlich ähnlich und doch kennt der Hirte

jedes Schaf. Bei der Vielzahl der Menschen kennt Gott doch jeden von uns, kennt den Namen eines Jeden und sorgt sich um ihn. Er will, dass es jedem von uns gut geht.
Jetzt sind wir Menschen manchmal wie Schafe, die sich von der Herde entfernen. Manchmal tun wir Dinge, die nicht in Ordnung sind. Vielleicht haben wir gelogen, haben uns gezankt, haben einem anderen etwas weggenommen ... Wir haben etwas Unrechtes getan und sind damit vom rechten Weg abgekommen. Jetzt lässt der liebe Gott uns aber nicht einfach weglaufen von ihm. Er macht es, wie der gute Hirte, er sucht uns, weil wir ihm wichtig sind. Er ruft uns und wenn wir ihm antworten und zu ihm zurückfinden, dann freut er sich sehr darüber. Das ist doch ein wunderbares Geschenk! Damit wir uns immer wieder an diese Zusage Gottes an uns erinnern, lade ich euch alle ein, Eltern, wie Kinder, ein Schäfchen mit nach Hause zu nehmen. Vielleicht hängt ihr es gut sichtbar auf, dass ihr euch immer wieder daran crinnert: Gott hat mich lieb und will mein Freund sein. Er passt auf mich auf, wie ein Hirte, der sich um seine Schafe sorgt. Eigentlich gibt es doch nichts schöneres, als „Wenn einer sagt: Ich mag dich, du ..."
Genau das wollen wir jetzt zusammen singen:
Wenn einer sagt: „Ich mag dich, du, ich find dich ehrlich gut!"
Dann krieg ich eine Gänsehaut und auch ein bisschen Mut. Lalalala ...
Wenn einer sagt: „Ich brauch dich, du, ich schaff es nicht allein!"
Dann kribbelt es in meinem Bauch, ich fühl, mich nicht mehr klein! Lalalala ...
Wenn einer sagt: „Komm, geh mit mir, zusammen sind wir was."
Dann werd ich rot, weil ich mich freu', dann macht das Leben Spaß. Lalalala ...
Gott sagt zu dir: „Ich hab dich lieb, und wär, so gern dein Freund.
Und das, was du allein nicht schaffst, das schaffen wir vereint.
Lalalala ...

15. Das Gleichnis vom verlorenen Sohn

Vorbereitung

- Liedzettel
- Tücher in blau, rot, braun, schwarz, grün und gelb
- Ostheimer Figuren: Vater, Söhne, Schweine, Kalb, evtl. noch andere Bauernhoftiere
- zwei Säckchen mit Geldmünzen
- Würfelbecher mit Würfeln
- Schnaps- oder Weinglas
- Stückchen schönen Stoff, z. B. Samt
- Holzbausteine

Vor dem Gottesdienst wird auf einem grünen Tuch ein Gehöft aus Holzbausteinen aufgebaut. Wenn vorhanden, können natürlich noch Bauernhoftiere dazu gestellt werden. Vater und Söhne stehen beim Hof. Parallel zum Gleichnis wird nachher der Weg des verlorenen Sohnes mit den anderen Materialien und Tüchern gestaltet und zwar so, dass ein Kreis entsteht, der sich nachher beim Vater auf dem Hof wieder schließt.

Ablauf

▷ Eröffnung

▷ Begrüßung

▷ Anzünden der Kerze

▷ Gemeinsames Kreuzzeichen

▷ Lied
– SL 5: Wir feiern heut ein Fest, Str. 1,2 und die Bewegungsstrophen (Text: Rolf Krenzer; Musik: Ludger Edelkötter; aus: „Wir feiern heut ein Fest", Rechte beim Impulse Musikverlag, Drensteinfurt)

▷ Einführung
Gott verzeiht dem, der umkehrt.

▷ Schrifttext: „Der verlorene Sohn", nach Lk 15,11-32, aus: Hellmut Haug, Das große Bibelbilderbuch, Deutsche Bibelgesellschaft,

Stuttgart 1994 (S. 238–249); parallel dazu Legearbeit mit Tüchern, die den Weg des Sohnes verdeutlichen.

▷ Lied
– SL 221: Wenn einer sagt: „Ich mag dich, du“, Str. 1,4 (Text und Melodie: Andreas Ebert; aus „Feiert Gott in eurer Mitte“, Rechte beim Hänssler Verlag, Neuhausen- Stuttgart)

▷ Katechese
Aufbauend auf der Erfahrungswelt der Kinder: Mama und Papa verzeihen mir, wenn ich mal was falsch gemacht habe. Gott verzeiht uns, denn er ist unser Vater.

▷ Lied
– SL 159: Wenn ich Vater sage (Text: Hanna Neubauer; Musik: Franz Kett, Rechte beim RPA Verlag, Landshut)

▷ Gebet

▷ Vaterunser
– SL 79: Du unser Vater (Text: R. Schönfelder; Musik: V. Wikkendick; aus: SU 460/461 „Worte ins Leben. Neue Lieder zum Gottesdienst“, Rechte beim Studio Union im Lahn Verlag, Limburg)

▷ Segen, Kindersegen

▷ Lied
– SL 249: Halte zu mir, guter Gott (Text: Rolf Krenzer; Musik: Ludger Edelkötter; aus: „Halte zu mir heute“, Rechte beim Impulse Musikverlag, Drensteinfurt)

Elemente für den Gottesdienst

▷ Einführung
Wir wissen aus vielen Geschichten, die in der Bibel aufgeschrieben sind, dass Gott uns Menschen liebt und wir immer zu ihm kommen dürfen, auch, oder gerade dann, wenn wir etwas getan haben, was nicht so toll war, wenn wir etwas Unrechtes getan haben. Die Geschichte, die wir uns heute gemeinsam anschauen wollen, hat Jesus seinen Jüngern erzählt, als die von ihm wissen wollten, wie Gott ist. Da hat er ihnen das Gleichnis- das ist eine Geschichte, die anhand eines Beispiels die Antwort Jesu verdeutlichen will- vom verlorenen Sohn erzählt. Dieses Gleichnis beginnt auf einem großen Gehöft, so wie ihr hier eines seht.

▷ Schrifttext

Ein Mann hatte zwei Söhne. Sie helfen dem Vater bei der Arbeit. Später einmal werden sie alles erben, was dem Vater gehört: das Haus, die Felder, die Tiere und das ganze Geld.
Der jüngere Sohn sagt zum Vater: „Ich bin jetzt groß, ich will fort. Gib mir alles, was mir gehört." Der Vater gibt ihm viel Geld. Der jüngere Sohn packt alles zusammen. Er geht fort. Er freut sich.
Blaues Tuch anlegen, Säckchen mit Münzen drauf legen, den Sohn dazu stellen.

Er geht in die große Stadt. Er kauft sich, was er will. Er geht ins Gasthaus. Er lädt viele Leute ein. Sie sind lustig. Sie essen und trinken den ganzen Tag. Er bezahlt für alle.
Rotes Tuch anlegen, Würfelbecher mit Würfeln und ein paar Münzen drauf legen, Sohn dazu stellen.
Bald hat er kein Geld mehr. Die anderen geben ihm nichts. Er kann seine Rechnung nicht bezahlen. Der Wirt wirft ihn hinaus.
Braunes Tuch anlegen, Schnaps- oder Weinglas und leeres Geldsäckchen auf das Tuch legen, Sohn dazu stellen.
Er geht zu einem Bauern und sagt: „Ich habe Hunger. Gib mir etwas zu essen. Ich will dafür arbeiten." Der Bauer sagt: „Pass auf die Schweine auf! Aber nimm dich in Acht: Iss nicht von dem guten Schweinefutter!"
Schwarzes Tuch anlegen, Schweine und den Sohn auf das Tuch stellen.
Da sitzt er und hat Hunger. Er denkt: Mein Vater hat viele Arbeiter. Sie bekommen genug zu essen. Ich will zu meinem Vater gehen und sagen: „Ich kann nicht mehr dein Sohn sein. Nimm mich als Arbeiter bei dir auf!" er geht zurück zu seinem Vater.
Grünes Tuch anlegen, Sohn auf das Tuch stellen.
Der Vater sieht ihn schon von weitem. Er geht ihm entgegen. Der Sohn sagt: „Vater, es war nicht recht, was ich getan habe. Ich kann nicht mehr dein Sohn sein. Nimm mich als Arbeiter bei dir auf!" Der Vater sagt: „Du bist und bleibst mein Sohn. Du bist wieder da. Das ist ein Freudentag!"
Sohn auf dem grünen Tuch ein Stück weiter gehen lassen, Vater dazu stellen.
Der Vater ruft alle zusammen: „Kommt, wir feiern ein Fest! Mein Sohn ist wieder da. Freut euch mit mir!"
Gelbes Tuch anlegen, so dass sich der Kreis schließt, Kalb und Samtstoff als Zeichen für das Fest auf das Tuch stellen, Vater und Sohn dazu.

Der ältere Sohn ist auf dem Feld. Er sagt: „Ich komme nicht! Der Nichtsnutz hat alles Geld vertan. Und jetzt wird auch noch gefeiert!" Der Vater sagt: „Er ist doch dein Bruder! Er war verloren und ist wiedergefunden. Komm und freu dich mit mir!"
Älteren Sohn zum Vater und dem verlorenen Sohn stellen.
Nachdem Jesus seinen Jüngern dieses Gleichnis erzählt hat, sagt er zu ihnen: „Gott liebt alle Menschen. Niemand ist ausgeschlossen. Wir dürfen immer zu ihm kommen. Er freut sich, wenn wir kommen."
(„Der verlorene Sohn", nach Lk 15,11-32, aus: Hellmut Haug, Das große Bibelbilderbuch, Deutsche Bibelgesellschaft, Stuttgart 1994; S. 238–249)
Nach dieser spannenden Erzählung lasst uns ein Lied singen, dass ausdrückt, wie der Sohn sich wohl nach seiner Heimkehr gefühlt haben mag.
Wenn einer sagt, ich mag dich, du . . .

▷ Katechese
Es ist doch schön, „wenn einer sagt, ich mag dich, du . . ." , vor allem, wenn man sich gerade nicht so besonders gut fühlt, weil man irgendwelchen Mist verzapft hat. Das ist bestimmt jedem von euch schon mal so gegangen. Ihr habt irgend etwas angestellt, was nicht so besonders gut war und Mama und Papa sind schon ein bisschen sauer auf euch. Aber dann nehmt ihr all euren Mut zusammen und geht zu ihnen hin und sagt: „Ich weiß, dass ich da etwas gemacht habe, was nicht richtig war! Vielleicht kommen dann noch ein paar mahnende Worte von Mama und Papa, aber dann nehmen sie euch doch in die Arme und alles ist wieder gut!
„Das Gleichnis vom verlorenen Sohn", erzählt genau so eine Geschichte. Wir haben sie uns eben angehört und auch symbolisch angesehen. Warum ist hier denn die Rede vom „verlorenen Sohn"? (. . .) Wenn wir unsere Legearbeit hier anschauen, können wir noch mal kurz überlegen, was der Sohn so alles erlebt hat. Er wollte von zu Hause weg, und bat den Vater um sein Erbteil. Der Vater hat ihm Geld gegeben und der Sohn ist in die Stadt gezogen. Was hat er dort mit dem Geld gemacht? (. . .) Er hat alles bis auf den letzten Pfennig ausgegeben, aber nicht für Dinge, die er zum Leben brauchte. Nein, er hat das Geld regelrecht verjubelt. Die Idee war natürlich nicht so gut, denn bald saß er ohne einen Pfennig da und hatte nicht mal mehr das Nötigste zum Leben. Ihr könnt den Weg des Sohnes auch hier an den Farben der Tücher verfolgen. Als er von zu Hause weggeht, ist die Welt soweit noch in Ordnung, dann kommt die Zeit in der Stadt,

in der es sich der Sohn gut gehen lässt und das Geld alles auf den Kopf haut. Dafür liegt das rote Tuch hier. Als er plötzlich kein Geld mehr hat, wird es schon ziemlich dunkel um ihn, das seht ihr an dem braunen Tuch. Aber es kam noch schlimmer! Er musste als Schweinehirt arbeiten und durfte noch nicht mal vom Schweinefutter essen, dabei hatte er einen solchen Hunger, dass ihm das Schweinefutter vermutlich genauso gut geschmeckt hätte, wie ein tolles Sonntagsessen. Das zeigt uns das schwarze Tuch. Dunkler und schlimmer geht es nicht mehr! Aber was passiert genau in dieser schlimmen Situation? Der Sohn denkt nach und merkt, dass er den falschen Weg eingeschlagen hatte, denn selbst den Knechten seines Vaters geht es tausendmal besser, als ihm selber. Er will umkehren und nach Hause zurückkehren, aber nicht als Sohn, sondern als Arbeiter. „Vater, es war nicht recht, was ich getan habe. Ich kann nicht mehr dein Sohn sein." Er weiß: „Ich habe einen großen Fehler gemacht, aber ich will meinen Vater um Verzeihung bitten." Das ist eigentlich das Entscheidende an dieser Geschichte: Das Erkennen, ich habe etwas falsch gemacht und die Bereitschaft wieder zum Vater zu gehen, obwohl der Sohn ja nicht weiß, wie der Vater reagiert. Ist er enttäuscht, dass der Sohn damals gegangen ist, ist er vielleicht böse, dass er alles Geld verjubelt hat, wird er ihn überhaupt wieder aufnehmen? An unseren Tüchern sehen wir, dass der Weg des Sohnes wieder heller wird. Es wendet sich alles zum Guten. Das liegt vor allem am Vater, denn was macht der, als er seinen Sohn kommen sieht? (...) Er läuft ihm entgegen, nimmt ihn in die Arme und gibt sogar ein großes Fest, weil der verloren geglaubte Sohn wieder da ist. Die Reaktion des älteren Bruders ist verständlich! Erst bringt der kleine Bruder das Erbe durch und amüsiert sich, während er auf dem Hof die Arbeit tut, und als er dann schließlich als armer Schlucker wieder heim kommt, wird auch noch ein großes Fest gefeiert! Aber der Vater sagt zu ihm: „Er ist doch dein Bruder! Er war verloren und ist wiedergefunden! Komm und freu dich mit mir!"

Er war verloren ... Das heißt soviel wie: Er ist vom richtigen Weg abgekommen, er hat viele Fehler gemacht. Aber, er darf wieder nach Hause kommen. Genauso, wie der verlorene Sohn wieder heim kommen darf und von seinem Vater mit offenen Armen empfangen wird, so dürfen wir immer wieder zum lieben Gott kommen. Er ist unser guter Vater im Himmel, der uns lieb hat und er freut sich, wenn wir zu ihm kommen mit unserer Freude, unserem Dank, unseren Sorgen, unseren Ängsten aber auch unseren Fehlern und Schwächen. „Wenn ich Vater sage ..." heißt ein Lied, das wir gemeinsam singen wollen.

▷ Gebet

Lieber Gott, wir haben gerade gesungen „Vater unser im Himmel!“ Du bist unser Vater und wir dürfen dir alles sagen. Wir dürfen dir vertrauen und wissen, dass du uns ganz lieb hast und immer so nah bei uns bist, wie Mama und Papa, wenn wir uns in ihre Arme kuscheln. Du freust dich mit uns, wenn wir fröhlich sind, du weinst mit uns, wenn wir traurig sind. Du fühlst mit uns, wenn wir richtig wütend sind und du bist bei uns, wenn wir Angst haben. Du gibst uns den Mut, einen Fehler einzusehen und verzeihst uns das, was wir falsch gemacht haben. Lieber Gott, du hast uns ganz lieb, wir dürfen deine Kinder sein. Dafür sagen wir dir Danke!

16. Zachäus

Vorbereitung

- Liedzettel
- Diaserie zur Geschichte „Zachäus“, gemalt von Kees de Kort, erhältlich in den diözesanen Medienzentren.

Das Lied: „In Jericho kassiert den Zoll ... “ bietet sich geradezu an, es mit Eltern und Kindern mitzuspielen. Dazu sollte das Lied vor dem Gottesdienst kurz eingeübt werden, damit die Melodie nachher schon bekannt ist.

Ablauf

▷ Eröffnung

▷ Begrüßung

▷ Anzünden der Kerze

▷ Gemeinsames Kreuzzeichen

▷ Lied
Die Großen und die Kleinen (Text: Rolf Krenzer; Musik: Detlev Jöcker; aus: CD, MC und Buch: „Wir kleinen Menschenkinder“, Rechte beim Menschenkinder Verlag, Münster)

▷ Einführung
Jesus geht zu allen Menschen, auch zu den Sündern.

▷ Schrifttext: Zächäus, nach Lk 19,1-10, aus: Hellmut Haug, Das große Bibelbilderbuch, Deutsche Bibelgesellschaft, Stuttgart 1994 (S. 262–273)
Parallel dazu werden die Dias gezeigt.

▷ Lied
– kommt und singt 357: In Jericho kassiert den Zoll (Text: Kurt Rose; Musik: Erna Woll; aus: Erna Woll: „Von Bi-bu-Babylon bis Zachäus. Wir singen Geschichten der Bibel“, 20 Kinderlieder, R. Möseler Verlag, Wolfenbüttel)
Dies Lied bietet sich zum Mitspielen an!

▷ Katechese
Gottes Einladung gilt allen Menschen. Jesus macht das deutlich, indem er die Schranken zwischen den Menschen überwindet.

▷ Vaterunser

▷ Segen, Kindersegen

▷ Lied
– SL 105: Als Jesus auf der Erde war (Text: Reinhard Feuersträter; Musik: Reinhard Horn; aus: MC „Bärenstark“, Rechte beim Musikverlag KONTAKTE, Lippstadt)

Elemente für den Gottesdienst

▷ Einführung
Jesus hatte alle Menschen lieb und wollte der Freund aller Menschen sein. Das hat schon mal zu Verwirrung geführt, da er nicht nur die Kranken heilte, sondern sich auch noch mit den Sündern an einen Tisch setzte. Von einem solchen Sünder erzählt die folgende Geschichte.

▷ Schrifttext
Parallel dazu werden die Dias gezeigt.
Jesus kommt in die Stadt Jericho. In der Stadt wohnt Zachäus. Zachäus ist ein Zöllner. Leute bringen Waren in die Stadt. Sie müssen Zoll bezahlen, sonst dürfen sie nicht hinein. Zachäus nimmt mehr Geld, als er darf. Die Leute können nichts dagegen machen.
Jesus geht durch die Stadt. Überall erzählen sich die Menschen: „Jesus ist da!“ Zachäus hört, dass Jesus in der Stadt ist. Er will ihn unbedingt sehen. Zachäus ist klein. Die Menschen stehen ihm im Weg. Schnell läuft Zachäus voraus. Dort ist ein Baum! Zachäus steigt auf den Baum. Jetzt kann er Jesus sehen, wenn er vorbei kommt.
Jesus kommt. Er sieht Zachäus. Er sagt zu ihm: „Komm schnell herunter! Ich will heute in dein Haus einkehren.“ Zachäus steigt vom Baum, so schnell er kann. Zachäus führt Jesus in sein Haus. Zachäus freut sich, weil Jesus bei ihm ist.
Die Leute haben alles gesehen. Sie ärgern sich. Sie schimpfen: „Zachäus nimmt zuviel Geld. Er ist ein Betrüger. Wir wollen nichts mit ihm zu tun haben. Jesus darf nicht zu Zachäus gehen.“
Drinnen sagt Zachäus zu Jesus: „Ich habe Unrecht getan. Die Hälfte von meinem Geld gebe ich armen Leuten. Wer zuviel bezahlt hat, bekommt es zurück.“
Jesus sagt zu Zachäus: „Heute ist ein Glückstag für dich und dein Haus. Gott freut sich über dich. Jeder darf zu Gott kommen und neu anfangen.“

(Nach Lk 19,1-10 aus: Hellmut Haug, Das große Bibelbilderbuch, Deutsche Bibelgesellschaft, Stuttgart 1994 (S. 262–273))

▷ Lied

Das folgende Lied kann von Eltern und Kindern mitgespielt werden. Ein Kind spielt den Zachäus. Andere Kinder und Eltern spielen die Leute von Jericho, den Baum, Jesus und das Haus von Zachäus. Wenn die Kinder ein bisschen eingewiesen werden, spielen sie den Text mit viel Freude und Phantasie mit. Schön ist es, wenn ein paar Leute die Strophen singen und die „Leute von Jericho" den Refrain.

1. In Jericho kassiert den Zoll Zachäus dick und klein. Er nimmt nicht nur alles, was er soll, er steckt sich seine Taschen voll und schimpft noch ganz gemein.

Ein Schurke und ein Schuftikus, den jedermann verachten muss, macht bloß um den 'nen Bogen! Der Kerl, der hat uns allesamt, ja allesamt im Zöllneramt, betrogen, ja betrogen.

2. Der hörte: „Jesus Wundermann" ist heute in der Stadt. Er denkt: „Ei, den guck ich mir mal an, ob der auch wirklich so viel kann und Trost für alle hat."

Ein Schurke und ein Schuftikus ...

3. Er rennt zum Markt, wo man sich drängt, und stellt sich auf die Zehen, und wie er sich so dazwischen zwängt, da steht er klein und eingeengt, kann überhaupt nichts sehen.

Ein Schurke und ein Schuftikus ...

4. Da fällt ihm ein Gedanke ein, er läuft in aller Hast dem Zug schnell voraus und ganz allein und steigt in einen Baum hinein, sitzt wartend auf dem Ast.

Zachäus, dieser Schuftikus ...

5. Und wirklich, Jesus kommt heran, die Straße ist zu klein! Er kommt und hält unterm Baume an und spricht: „Zachäus, guter Mann, ich kehre bei dir ein."

Zachäus, dieser Schuftikus ...

6. Zachäus rutscht vom Baum herab, führt Jesus voller Glück ins Haus und bewirtet ihn nicht knapp und sagt: „Wen ich betrogen hab, dem zahl ich's voll zurück."

Zachäus, dieser Schuftikus ...

7. „Den Armen lass ich die Gebühr, mein Leben ändert sich." Sie plaudern so Stunden drei und vier und Jesus spricht: „Das glaube mir, Gott freut sich über dich."

Zachäus ist ein neuer Mann, den jedermann nur achten kann, den wollen wir mal besuchen: Der Mann der schenkt uns allesamt, ja allesamt im Zöllneramt zehn Mark und auch noch Kuchen.

(Text: Kurt Rose; Musik: Erna Woll; aus: Erna Woll: „Von Bi-bu-Babylon bis Zachäus. Wir singen Geschichten der Bibel“, 20 Kinderlieder, R. Möseler Verlag, Wolfenbüttel)

▷ Katechese

Jetzt haben wir die Geschichte von Zachäus, dem Zöllner, gesehen, gehört, gesungen und gespielt. Lasst uns nun noch ganz kurz überlegen, was Jesus uns in dieser Geschichte zeigen will.
Zachäus, das haben wir gehört, war Zöllner, sogar Oberzöllner. Er war bei den Menschen damals gar nicht beliebt, weil er ihnen das Geld abgeknöpft hat und zwar deutlich mehr, als er eigentlich durfte. Da waren die Leute verständlicherweise sauer.
Und zu diesem Mann, gerade zum Zöllner Zachäus geht Jesus hin und sagt: „Ich möchte dein Gast sein!“ Wo hat Jesus den Zachäus denn entdeckt? (...) Auf einem Baum, denn Zachäus war klein und hätte Jesus sonst gar nicht sehen können, weil die anderen ihm den Blick versperrten. Ausgerechnet zu dem kleinen, von den Menschen verachteten Zöllner geht Jesus hin und isst mit ihm.
Eigentlich war das ganz schön mutig von Jesus, oder? (...) Die Menschen, die das mitbekommen murren ja auch und fragen: „Wieso geht er ausgerechnet zu dem, dem Zöllner, der uns betrügt, wo er nur kann?“ Aber Jesus lässt sich nicht beirren, er geht ganz bewusst auf den Menschen zu, der von allen anderen verachtet wird, weil er so gemein und hinterhältig ist. Und was macht Zachäus? Er kehrt um! Er weiss, dass er anderen viel Unrecht getan hat und verspricht Jesus: „Ich mache es wieder gut!“ Die Begegnung mit Jesus verändert sein Leben zum Guten hin. Er ändert sein Leben radikal! Dort, wo er bisher betrogen hat, hilft er den Menschen und versucht, das Unrecht wieder gut zu machen. Jesus zeigte den Menschen in Jericho damals: „Ich möchte der Freund aller Menschen sein, auch, oder vielleicht gerade der Sünder!“ Jesus tut den ersten Schritt, er geht auf Zachäus zu und diese Begegnung bewegt Zachäus zur Umkehr.
Wir gehören sicher auch das ein oder andere Mal zu den Kleinen, oder zu denen, die anderen Unrecht getan haben. Wir wissen aber: Jesus möchte auch dann unser Freund sein, wenn wir uns wie ein „Schuftikus“ benommen haben. Er kommt auch zu uns und lädt uns ein, umzukehren, unser Unrecht wieder gut zu machen.
In diesem Bewusstsein wollen wir nun gemeinsam das Vaterunser sprechen.

17. Bartimäus

Vorbereitung

- Liedzettel
- 2 Tücher zum Augen verbinden
- Bildergeschichte zum Text

Die Bilder zum Text können leicht selber gemalt werden. Wir haben den Text in vier Abschnitte eingeteilt und die entsprechenden Bilder dazu gemalt. Bild 1 zeigt Bartimäus allein vor den Toren Jerichos. Auf Bild 2 haben sich zu der gleichen Situation noch ein paar Leute dazugesellt. Bild 3 zeigt Jesus und Bartimäus, der seinen Mantel von sich wirft und Bild 4 zeigt, wie Bartimäus Jesus nachfolgt (siehe Bild auf dem Cover). Es reichen einfache, klare Zeichnungen aus, um die Geschichte bildlich darzustellen.

Ablauf

▷ Eröffnung

▷ Begrüßung

▷ Anzünden der Kerze

▷ Gemeinsames Kreuzzeichen

▷ Lied
– SL 251: Herr, wir freuen uns, der Tag ist schön (Text und Musik: Gertrud Lorenz, Rechteinhaber unbekannt)

▷ Einführung
Bartimäus- eine Begegnung krempelt sein Leben um

▷ Bildergeschichte nach Mk 10,46-52; Text: „Bartimäus“ aus: Irmgard Weth, Neukirchener Kinder-Bibel, mit Bildern von Kees de Kort, 12. überarb. Aufl. in neuer Rechtschreibung, Kalenderverlag des Erziehungsvereins, Neukirchen- Vluyn 2000.

▷ Lied
– SL 301: Du gabst mir Augen, damit ich sehen kann; Str. 1,2 (Text: Rolf Krenzer; Musik: Ludger Edelkötter; aus: „Halte zu mir heute“, Rechte beim Impulse Musikverlag, Drensteinfurt)

▷ Katechese
Es ist schön, dass wir sehen können. Den Wert des Sehens erfahrbar machen/Augen verbinden.
Sehen lernen, die Augen offen haben für alles das, was um uns herum ist.

▷ Lied
– SL 301: Du gabst mir Augen, damit ich sehen kann; Str. 5 (Text: Rolf Krenzer; Musik: Ludger Edelkötter; aus: „Halte zu mir heute", Rechte beim Impulse Musikverlag, Drensteinfurt)

▷ Fürbitten

▷ Vaterunser

▷ Segen, Kindersegen

▷ Lied
– SL 29: Die Sonne hoch am Himmelszelt (Text: H.Bergmann; Musik: H. Wortmann; aus: SU 330 „Pfälzer Kindermesse", Rechte beim Studio Union im Lahn Verlag, Limburg)

Elemente für den Gottesdienst

▷ Einführung
Wir hören heute die Geschichte eines blinden Bettlers, die Geschichte von Bartimäus. Dieser Bettler begegnet eines Tages Jesus und diese Begegnung krempelt sein Leben völlig um. Sein Leben wird lebenswert, Jesus öffnet ihm die Augen und Bartimäus lässt alles hinter sich und folgt Jesus nach.
Wir haben euch Bilder mitgebracht, die von Bartimäus und Jesus erzählen. Lasst uns die Bilder anschauen und die Geschichte aus der Bibel hören.

▷ Bildgeschichte
Bild 1: Bartimäus, alleine vor den Toren Jerichos
Draußen vor der Stadt Jericho saß ein blinder Mann am Wegrand und bettelte. Er kauerte auf der Erde in lumpigen Kleidern und rührte sich nicht. Aber wenn jemand vorbeiging horchte er auf.
Dann hob er den Kopf, streckte seine Hand aus und rief laut: „Erbarmen ihr Leute, habt Erbarmen mit mir!"
Bartimäus hieß der Bettler, der dort am Stadttor von Jericho saß. Tag für Tag saß er da, von morgens bis abends, lauschte und wartete, ob Leute kamen. Viele, die vorübergingen, kannten ihn schon. Einige

warfen ihm ein Geldstück hin. Aber die meisten gingen einfach an ihm vorbei und achteten nicht auf sein Geschrei.

Bild 2: Gleiches Bild wie 1, aber einige Leute haben sich dazugesellt.
Eines Tages aber waren viel mehr Menschen auf der Straße als sonst. Sie lärmten. Sie schrien laut durcheinander.
Sie drängten sich an Bartimäus vorbei. „Was ist los?" fragte Bartimäus. „Warum sind heute so viele Menschen auf der Straße?"
„Wie?" antworteten sie. „Das weißt du nicht? Jesus kommt hier vorbei. Gleich wird er da sein. Wir sehen ihn schon!"
Bartimäus horchte auf: JESUS? War das nicht der Mann, von dem die Stadt seit Tagen sprach? Sagten nicht sogar einige, er stamme von König David ab? Gewiss war er der Retter, auf den alle warteten! Vielleicht konnte Jesus sogar ihm helfen?
Bartimäus war ganz aufgeregt. Wenn Jesus ihn nur nicht übersah in dem ganzen Gedränge! Wenn er ihn nur nicht überhörte in all dem Lärm! „JESUS!" schrie Bartimäus, „du Sohn Davids, hab Erbarmen mit mir!" Aber die Leute fuhren ihn an: „Schrei nicht so laut! Halt deinen Mund. Jesus hat keine Zeit für dich! Er hat es eilig. Er muss zum Fest nach Jerusalem ziehen. Dort werden sie ihn zum König machen!"
Aber Bartimäus schrie nur noch lauter: „Jesus, du Sohn Davids, hab Erbarmen mit mir!" Er schrie so laut er konnte, immer und immer wieder. Er hörte gar nicht mehr auf. Da hörte er auf einmal eine Stimme: „Ruft ihn zu mir!" Bartimäus wurde plötzlich ganz still, er wartete gespannt. Auch der Lärm um ihn ringsum verstummte plötzlich. Bartimäus spürte, wie alle auf ihn schauten.
„Hab keine Angst!" riefen sie ihm zu. „Freu dich! Jesus ruft nach dir! Steh nur auf!"

Bild 3: Bartimäus wirft seinen Umhang ab und steht vor Jesus.
Da warf Bartimäus seinen lumpigen Umhang ab, sprang von der Erde auf und tastete sich durch die Menge, bis er vor Jesus stand.
Und wieder hörte er dieselbe Stimme: „Was willst du? Was kann ich für dich tun?" „Ach Herr," rief Bartimäus, „gib, dass ich wieder sehen kann!" „Ich will es tun!" sagte Jesus freundlich.
„Geh nur! Dein Glaube hat dir geholfen!"
Da gingen Bartimäus auf einmal die Augen auf. Wie schön war doch die Welt rings um ihn her! Sie leuchtete ihm in allen Farben entgegen: Der blaue Himmel, die grünen Bäume, die Häuser von Jericho.

Bild 4: Bartimäus folgt Jesus aus Jericho heraus
Er sah auch die Menschen, die um ihn standen und auf ihn starrten.

Und mitten unter ihnen sah er Jesus, seinen Retter, der ihm die Augen geöffnet hatte. Da ließ Bartimäus alles liegen und stehen und ging mit Jesus und wich ihm nicht mehr von der Seite.
(Nach Mk 10,46-52; Text: „Bartimäus" aus: Irmgard Weth, Neukirchener Kinder-Bibel, mit Bildern von Kees de Kort, 12. überarb. Aufl. in neuer Rechtschreibung, Kalenderverlag des Erziehungsvereins, Neukirchen- Vluyn 2000)

▷ Katechese
„Du gabst mir Augen, damit ich sehen kann ..." haben wir gerade gesungen. Wir alle können sehen, die einen besser, die anderen schlechter. Die einen mit Brille, die anderen ohne, aber wir können sehen! Bartimäus, von dem unsere Geschichte erzählt, der konnte nicht sehen, der war blind! Für jemanden, der sehen kann, ist es ganz schön schwierig sich in die Lage eines Menschen zu versetzen, der nicht sehen kann, der blind ist.
Wer von euch lässt sich von mir mal die Augen verbinden? Wir wollen mal nachspüren, wie das ist, wenn man nichts sieht. *Größeren Kindern, evtl. auch Erwachsenen die Augen verbinden und mal ein paar Schritte „blind" gehen lassen.* Das ist ein komisches Gefühl, wenn man sich plötzlich gar nicht mehr zurecht findet! Wir haben gesehen, dass unsere beiden hier auf unsere Hilfe angewiesen waren, sonst wären sie gestolpert und hingefallen. Sie haben uns alle nicht mehr gesehen, nur gehört. Genauso ging es Bartimäus. Er lebte im wahrsten Sinne des Wortes im Dunkel. Er konnte nichts sehen, nicht die Menschen, nicht die Häuser der Stadt, nicht die Blumen und Bäume. Bartimäus lebte damals vor der Stadt Jericho als Bettler. Er war auf die Almosen der Leute angewiesen, die des Weges kamen. Er führte ein trostloses Leben. Eines Tages aber ändert sich sein Leben. Da war jemand in der Stadt, der die Menschen in Bewegung versetzte. (...) Jesus war in der Stadt und Bartimäus ließ sich von der Aufregung anstecken. Jesus, von dem hatte er in den letzten Tagen gehört. Das war doch der Retter auf den alle warteten! Dieser Jesus würde ihm helfen, da war sich Bartimäus ganz sicher. Doch wie sollte er, der blinde Bettler, Jesus auf sich aufmerksam machen? (...) Er schrie so laut er konnte: „Jesus, Sohn Davids, hab Erbarmen mit mir!" Und Jesus? Er hört den blinden Bettler und lässt ihn zu sich kommen und er hilft ihm. Bartimäus bittet Jesus um Hilfe und der sagt zu ihm „Ich will es tun. Geh nur! Dein Glaube hat dir geholfen!" Dein Glaube hat dir geholfen. Das ist ein ganz wichtiger Satz! Bartimäus hat darauf vertraut, daran geglaubt, dass Jesus ihn aus seinem Dunkel errettet. Er kann wieder sehen, es ist wieder hell um

ihn herum. Und er krempelt sein Leben um, springt auf und geht mit Jesus. Jesus hat ihm die Augen geöffnet.
Jesus will auch uns die Augen öffnen! Jetzt sagt ihr zu Recht: „Wir können doch sehen!"
„Du gabst mir Augen, damit ich sehen kann und deine Schöpfung schau ich staunend an ..." haben wir eben gesungen. Es geht Jesus darum, dass wir bewusst sehen, nicht nur die Blumen und Bäume, den Regen und die Sonne und all die Dinge, die uns schon so selbstverständlich geworden sind. Wir sollen auch die Menschen um uns herum sehen und wahrnehmen, wenn es jemand nicht so gut geht und er unsere Hilfe braucht. Jesus möchte, dass wir mit offenen Augen durch die Welt gehen.
Sehen zu können ist ein ganz großes Geschenk und, wie wir an Menschen wie Bartimäus sehen, durchaus nicht selbstverständlich. Wir wollen dem lieben Gott danke sagen, dass er uns Augen zum Sehen geschenkt hat und das können wir mit der letzten Strophe unseres Liedes tun.
Du gabst mir Augen und alles seh' ich hier.
Für meine Augen, danke, Gott, ich dir.
Du gabst mir Augen, dass ich dich sehen kann.
Und deine Schöpfung schau ich staunend an.
(Du gabst mir Augen, damit ich sehen kann; Str. 5; Text: Rolf Krenzer; Musik: Ludger Edelkötter; aus: „Halte zu mir guter Gott (IMP 1021)", Rechte beim Impulse Musikverlag Ludger Edelkötter, 48317 Drensteinfurt)

▷ Fürbitten
Lieber Gott, du hast uns heute gezeigt, dass du Augen öffnen kannst. Wir bitten dich für uns und unsere Kinder:
- Bartimäus gingen die Augen auf und da konnte er mit einem Mal sehen, wie schön die Welt doch ist.
  Lieber Gott, öffne uns die Augen, damit wir wieder öfter die Schönheit der Natur sehen, dir dafür dankbar sind und unsere Welt schützen und bewahren.
- Viele Kinder und Erwachsene sind traurig und allein. Sie haben keine Freunde.
  Lieber Gott, öffne uns die Augen, damit wir mitfühlen und ihnen Freunde sein können.
- Es gibt so viele Kinder, die in Not, Armut und Hunger leben.
  Lieber Gott, öffne uns die Augen, damit wir lernen zu teilen und selbst genügsamer zu sein.

- Viele Menschen sind krank und brauchen Hilfe.
  Lieber Gott, öffne uns die Augen, damit wir sehen, was um uns herum geschieht und wir helfen, trösten, oder einfach nur da sind.
- Wie oft sind wir unzufrieden, ungerecht und gelangweilt.
  Lieber Gott, öffne uns die Augen und lass uns dankbar, zufrieden und aufgeschlossen sein in unserem Leben.

Lieber Gott, so oft sind wir blind und nur du kannst unsere Augen öffnen, damit wir sehen.
Wir vertrauen dir und wollen unseren Weg mit dir gemeinsam gehen.

Der folgende Text ist zu diesem Gottesdienst entstanden. Vielleicht kann man ihn den Erwachsenen als Erinnerung oder Denkanstoß mit nach Hause geben.

Bartimäus

Draußen vor der Stadt sitzt cr,
der blinde Bettler.
Bartimäus,
gefangen in der Dunkelheit,
abseits,
an den Rand der Gesellschaft gedrängt.
Man kennt ihn,
geht meistens achtlos an ihm vorüber,
ab und zu wirft einer ein Geldstück hin.

Tägliches Einerlei in Jericho.

Doch eines Tages kommt Bewegung in den Alltag.
Bartimäus hört es:
Jesus ist in der Stadt!
Er spürt die Aufregung,
lässt sich anstecken,
horcht auf,
schöpft neue Hoffnung,
fasst Mut.

„JESUS, du Sohn Davids, hab Erbarmen mit mir!“

Mit dem Mut der Verzweiflung verschafft er sich Gehör,
gegen das Gemurre der Leute,
gegen den Lärm der Vielen,
die sich um Jesus scharen.

„Ruft ihn zu mir!“

Jesus, der Retter, auf den alle warteten,
hört ihn,
Bartimäus.
Erhört ihn,
ihn, den Blinden,
ihn, den Bettler am Rande der Gesellschaft.

„Ich will es tun! Geh nur heim, dein Glaube hat dir geholfen!“

Da gingen Bartimäus die Augen auf.
Alle Finsternis fiel von ihm ab.
Es wurde hell um ihn herum.
Er konnte sehen!
Da ließ Bartimäus alles liegen und stehen
und ging mit Jesus.

Bartimäus

Getragen von der Hoffnung,
erträgt er sein Schicksal.
Die Begegnung mit Jesus
krempelt sein Leben um,
macht es lebenswert,
öffnet ihm die Augen,
ermutigt ihn zur Nachfolge.

Bartimäus.

Seine Vergangenheit und alle Dunkelheiten
hinter sich lassend,
macht er sich auf den Weg,
auf den Weg mit Jesus,
auf den Weg aus der Finsternis ins Licht.

Bartimäus.

Eine Lebensgeschichte, die Hoffnung gibt.
Auch für uns heute.

18. Die Tempelreinigung

Eine Kirchenkatechese

Vorbereitung

– Liedzettel

Dieser Gottesdienst soll den Kindern den Kirchenraum nahebringen. Die Kirche, Haus Gottes, Gotteshaus. Es gibt viel zu entdecken.

Ablauf

▷ Eröffnung

▷ Begrüßung

▷ Anzünden der Kerze

▷ Gemeinsames Kreuzzeichen

▷ Lied
– SL 3: Es läuten alle Glocken (Text: H. Bergmann; Musik: H. Wortmann; aus: SU 330 „Pfälzer Kindermesse“, Rechte beim Studio Union im Lahn Verlag, Limburg)

▷ Einführung
Die Kirche ist ein besonderes Haus!

▷ Schrifttext nach Mt 21,12 u. 13; „Jesus räumt auf“ aus: Irmgard Weth, Neukirchener Kinder-Bibel, mit Bildern von Kees de Kort, 12. überarb. Aufl. in neuer Rechtschreibung, Kalenderverlag des Erziehungsvereins, Neukirchen- Vluyn 2000, S. 230.

▷ Lied
– SL 187: Gott baut ein Haus, das lebt Str. 1,2,3,7 (Text und Musik: Waltraud Osterlad, Rechtsinhaber unbekannt)

▷ Katechese
Kirchenkatechese: Glocken, Weihwasserbecken, Altar, Tabernakel, Orgel.

▷ Lied
– SL 17: Lasst uns miteinander (Text und Musik mündlich überliefert, Herkunft unbekannt)

▷ Vaterunser

▷ Segen, Kindersegen

▷ Lied
– SL 91: Komm, Herr, segne uns (Text und Musik: Dieter Trautwein, Rechte beim Burkhardthaus-Laetare Verlag, Offenbach)

Elemente für den Gottesdienst

▷ Einführung
Schön, dass ihr alle zu diesem Gottesdienst gekommen seid. Heute haben wir etwas ganz Besonders vor! Wir wollen uns unsere Kirche mal ein wenig näher anschauen. Eine Kirche ist ein ganz besonderes Haus. Viele Menschen haben darin Platz und es gibt viel zu entdecken. Die Kirche ist das Haus Gottes, ein Haus, in dem sich Christen versammeln, um vom lieben Gott zu erzählen, zu beten und zu singen, so wie wir das in unseren Gottesdiensten auch tun. Zur Zeit Jesu hieß das Gotteshaus nicht Kirche, sondern Tempel. Und im Tempel trafen sich die Juden zum Gebet und zum Hören der heiligen Schrift. Eigentlich ein Ort der Ruhe und der Stille. Aber die Juden hatten den Tempel zu einer Markthalle umfunktioniert. Als Jesus das sah, hat er mächtig aufgeräumt. Aber hört selbst.

▷ Schrifttext
Im Tempel von Jerusalem ging es hoch her. Viele Festgäste drängten sich im Vorhof des Tempels. Dort hatten Händler Tische aufgestellt. Sie verkauften Opfertiere: Tauben und Schafe und sogar Ochsen.
Es war ein Lärm, wie auf einem Jahrmarkt. Die Tauben gurrten, die Schafe blökten. Die Händler lärmten und feilschten. Die Käufer klimperten mit dem Geld. Und immer mehr Menschen strömten durch das Tor in den Vorhof. Sie kauften und verkauften und tauschten Neuigkeiten aus: „Habt ihr schon gehört?“, riefen sie einander zu. „Jesus ist in der Stadt! Ob er auch in den Tempel kommt? Ob er uns endlich zeigt, was er kann und wer er ist?“
Da kam Jesus durch das Tor. Als er die lärmenden Händler sah, lief er auf sie zu und rief voll Zorn: „Was fällt euch ein? Dies ist das Gotteshaus! Ein Bethaus soll es sein! Aber ihr? Was habt ihr daraus gemacht? Eine Räuberhöhle!“ Und er warf ihre Tische um, so dass das Geld auf den Boden rollte und die Tauben ängstlich hochflatterten. Da ergriffen die Händler eilig die Flucht. Auf einmal war es ganz still. Die Leute sahen auf Jesus und wussten nicht, was sie sagen sollten, so erschrocken waren sie.

(Nach Mt 21,12 u. 13; „Jesus räumt auf“ aus: Irmgard Weth, Neukirchener Kinder-Bibel, mit Bildern von Kees de Kort, 12. überarb. Aufl. in neuer Rechtschreibung, Kalenderverlag des Erziehungsvereins, Neukirchen- Vluyn 2000, S. 230)

– *SL 187 Gott baut ein Haus, das lebt, Str. 1,2,3,7*

▷ Katechese

Da ist Jesus aber so richtig sauer geworden. „Was fällt euch ein? Dies ist das Gotteshaus! Ein Bethaus soll es sein! Aber ihr? Was habt ihr daraus gemacht? Eine Räuberhöhle!“

Unsere Kirche ist ein Gotteshaus, wir haben es eben schon angesprochen. Heute stehen sicherlich keine Händler mehr in den Kirchen und halten ihren Markt ab, aber wir sollten auch heute daran denken, wenn wir eine Kirche betreten, was Jesus damals gesagt hat. Der Tempel, die Kirche ist ein besonderes Haus, ein Gotteshaus, ein Bethaus und keine Räuberhöhle, oder, um es in der heutigen Sprache zu sagen, kein Spiel- und Tobeplatz.

Ich möchte heute mit euch einen kleinen Rundgang durch die Kirche machen und euch einige interessante Dinge zeigen, die dieses Haus zu einem besonderen Haus machen.

Glocken

Dazu gehen wir erst einmal vor die Kirche! *(Bei einer kleinen Gottesdienstgemeinde und einem gefahrlos begehbaren Glockenturm ist es sicherlich sehr spannend, sich die Glocken aus der Nähe anzuschauen.)* Wer weiss, was dort hoch oben im Turm hängt? (. . .) Klar, die Glocken. Ihr habt sie eben gehört, als ihr zur Kirche gekommen seid. Warum haben denn die Glocken überhaupt geläutet? (. . .) Die Glocken, wir haben es ja eben gesungen, rufen uns zur Kirche. Sie rufen uns zu: „Gott lädt euch alle ein in sein Haus. Alle, ob groß, oder klein, jung, oder alt!“ Deshalb läuten die Glocken vor den Gottesdiensten. Aber nicht nur dann. Sie läuten auch morgens, mittags und abends. Dann wollen sie uns daran erinnern, ein Gebet zu sprechen. Früher wurde ein ganz bestimmtes Gebet gebetet, wenn die Glocken läuteten. Fragt mal eure Großeltern, vielleicht wissen die das noch. Das Gebet heißt Angelus- oder zu deutsch „Engel des Herrn“. Heute kennen und beten das leider nur noch sehr wenige Leute. Aber vielleicht denkt ihr mal daran, wenn ihr die Glocken läuten hört, dem lieben Gott einfach mal schnell „hallo“ zu sagen. „Hallo lieber Gott. Ich denke gerade an dich!“ Da wird er sich ganz bestimmt drüber freuen.

Weihwasserbecken

Jetzt wollen wir wieder in die Kirche hineingehen. Da kommt ihr immer an diesem Gefäß hier vorbei. Was ist das denn? (. . .) Schaut mal, da ist Wasser drin. Das ist ganz besonderes Wasser. Weihwasser, deshalb nennt man dieses Gefäß hier auch Weihwasserbecken. Weiß denn einer von euch schon, wofür hier ein solches Weihwasserbecken steht? (. . .) Wenn wir in die Kirche kommen, tauchen wir die Fingerspitzen in das Wasser ein und machen dann anschließend ein Kreuzzeichen, wie wir das zu Beginn unseres Gottesdienstes auch immer tun. Und wie beten wir dann? „Im Namen des Vaters und des Sohnes und des heiligen Geistes. Amen."

Das machen wir zur Erinnerung an unsere Taufe. Da sind wir nämlich mit solchem Wasser getauft worden. Bei den ganz kleinen Kindern können auch die Eltern ein Kreuz mit Weihwasser auf die Stirn zeichnen. Ja, bevor wir jetzt wieder nach vorn in die Kirche gehen, lade ich euch ein, ein Kreuzzeichen mit Weihwasser zu machen.

Altar

Habt ihr schon einmal gesehen, was viele Erwachsene machen, bevor sie in die Kirchenbank gehen? (. . .) Die verneigen sich, oder machen eine Kniebeuge. Warum das denn? (. . .) Das heißt soviel wie: „Guten Tag, lieber Gott. Schön, dass du mich zu dir in dein Haus eingeladen hast." Und da der liebe Gott nicht der Kumpel von nebenan ist und wir ihm auch keine Hand geben können, verneigen wir uns, oder machen eine Kniebeuge, wenn wir sein Haus betreten haben und auch, wenn wir es wieder verlassen. Der Priester und die Messdiener machen das übrigens auch, wenn sie zu Beginn der Messe in die Kirche einziehen und bevor sie sie wieder verlassen. Habt ihr schon mal gesehen, wo sie diese Kniebeuge machen? (. . .) Genau, hier vor diesem Tisch. Dieser Tisch hat einen besonderen Namen: Er wird Altar genannt. Einen solchen Altar findet ihr in jeder Kirche. Meist steht er in der Mitte des Altarraumes, so heißt dieser Bereich hier, in dem sonst nur der Priester, die Messdiener und die Leute stehen, die die Lesung vorlesen, oder dem Priester beim Austeilen des heiligen Brotes helfen. An diesem Tisch wird in der Messfeier das heilige Mahl gefeiert. Es erinnert uns daran, dass Jesus für uns gestorben und wieder auferstanden ist.

Und als Zeichen dafür seht ihr auf/über/neben *(hier sind die örtlichen Gegebenheiten ausschlaggebend)* dem Altar ein Kreuz. Was steht noch auf dem Altar? (. . .) Blumen und Kerzen. Eine Kerze gibt Wärme und Licht und erinnert uns daran, dass Gott immer bei uns ist. Und die Blumen stehen auch da zur Ehre Gottes. Der Tisch soll festlich gedeckt sein, wenn wir Mahl halten. Genau, wie zu Hause, wenn etwas gefeiert wird. Dann wird der Tisch mit schönem Geschirr gedeckt und wir stellen Kerzen und Blumen auf den Tisch, weil wir damit ausdrücken wollen, dass dies ein besonderes Essen ist.

Tabernakel
Einige von euch haben schon den kleinen Schrank dort entdeckt. Das ist der Tabernakel. Schaut mal, der ist ganz kostbar verziert und hier an der Seite steht eine Kerze, die immer brennt. Das ist das Ewige Licht. Wir haben eben am Altartisch schon davon gesprochen, dass die Kerze ein Zeichen dafür ist, dass Jesus in unserer Mitte ist. Er ist da, auch wenn wir ihn nicht sehen können. Dieses Ewige Licht zeigt uns, dass Jesus hier ist, hier in diesem Tabernakel. Nein, wir haben ihn nicht in diesem Schrank eingeschlossen. In diesem Schrank wird das heilige Brot verwahrt, das der Priester in der heiligen Messe bei der Kommunion an die größeren Kinder und die Erwachsenen austeilt. Jesus hat mit seinen Jüngern das Brot geteilt und bevor er starb hat er seinen Jüngern aufgetragen: „Esst dieses Brot und trinkt diesen Wein. Tut das immer wieder zur Erinnerung an mich. In diesem Brot und in diesem Wein bin ich selber bei euch!“ Genau das wird in jeder heiligen Messe gefeiert und deshalb glauben wir, dass Jesus in diesem Brot bei uns ist. Deshalb brennt die Kerze hier immer und deshalb ist der Tabernakel auch besonders schön verziert. Übrigens machen wir auch deshalb vor dem Tabernakel eine Kniebeuge. Wir grüßen und ehren damit Jesus.

Orgel
In unserer Kirche St. Joseph steht die Orgel seitlich im Altarraum, so dass der Kirchenrundgang in dieser Reihenfolge sinnvoll ist. Steht die Orgel in Ihrer Kirche auf einer Orgelbühne, ist es sicherlich sinnvoll, sie vor dem Altar und dem Tabernakel anzuschauen.
Hier steht ein ganz großes Instrument. Wer weiß denn, wie das Instrument heißt? (...) Das ist die Orgel. Schaut mal, die hat ganz viele Pfeifen. Hier das ist der Spieltisch, da sind solche Tasten, wie auf einem Klavier. Hier sitzt der Organist/die Organistin und begleitet die Lieder, die im Gottesdienst gesungen werden. Warum brauchen wir denn überhaupt eine Orgel? Ein Klavier würde doch vielleicht auch ausreichen? Die Orgel wird als „Königin der Instrumente“ bezeichnet, weil sie besonders schön klingt. Mit unseren Liedern wollen wir Gott loben und ihm eine Freude machen. Das soll ganz besonders schön und festlich klingen und deshalb steht in fast allen Kirchen eine solche schöne Orgel. *(Vielleicht ist der Organist/*

die Organistin da und kann ein paar Töne spielen und das folgende Lied begleiten?) Wir wollen jetzt auch Gott loben und unsere Freude ausdrücken, dass wir in seinem Haus zu Gast sein dürfen.
– SL 17: „*Lasst uns miteinander…*"

Es gibt noch ganz viele spannende Sachen in unserer Kirche zu entdecken, aber ich denke, die schauen wir uns ein anderes Mal noch an. Wir wollen jetzt einen großen Kreis um den Altar machen und gemeinsam das Vaterunser sprechen.

19. Die Emmaus- Jünger

Vorbereitung

- Liedzettel
- braune, schwarze, blaue, gelbe und grüne Tücher
- Sonnenstrahlen, z. B. aus Moosgummi
- Figuren, z. B. von Ostheimer: 2 Jünger, Jesus, Palmen *(als Jünger eignen sich: „Josef, wandernd“ und „Herodes“, als Jesus „Noah“ aus dem Ostheimer- Programm)*
- drei Kreuze, Holzbogen und Stein als Grab Jesu
- Holzbausteine (Würfel und Dreiecke) zum Stadt bauen
- Brot und Weinkrug
- Blumentöpfchen, hier eignen sich „Fruchtzwergebecher“, in die Blumen gesteckt werden
- Osterkerzen für die Kinder

Vor dem Gottesdienst werden auf je einem großen braunen Tuch die Städte Jerusalem und Emmaus aus Holzbausteinen gebaut.Die beiden Städte werden durch einen Weg aus braunen Tüchern verbunden. Entlang des Weges werden einige grüne Tücher, die Landschaft symbolisierend, ausgelegt und die Palmen aufgestellt. In der Nähe von Jerusalem werden die Kreuzigungsgruppe und das Grab Jesu platziert. Weg und Umgebung sind durch die Farbwahl der Tücher dunkel. Lediglich blaue Tücher um Jerusalem symbolisieren, dass es Tag ist.

Ablauf

▷ Eröffnung

▷ Begrüßung

▷ Anzünden der Kerze

▷ Gemeinsames Kreuzzeichen

▷ Lied
- SL 151: Gottes Liebe ist so wunderbar (Negro Spiritual)

▷ Einführung
Ostern: Christus ist auferstanden! Die Jünger konnten es nicht glauben.

▷ Schrifttext: nacherzählt nach Lk 24,13-35
Der Text wird kombiniert mit einer Legearbeit

▷ Lied
– SL 261: Herr, bleibe bei uns (Text: Lk 24,29; Musik: Albert Thate, Rechte beim Bärenreiter- Verlag, Kassel)

▷ Katechese
Dunkelheit und Trauer kehren sich in Licht und Freude.

▷ Lied
– SL 139: Kinder, singt dem Herrn ein Lied (Text: Franz Kett; Musik: Volksgut „Höret drüben über'n Hang", Rechte beim RPA Verlag, Landshut)

▷ Fürbitten
Die Kinder bekommen zu den Fürbitten kleine Osterkerzen.

▷ Kehrvers zwischen den Fürbitten. Jesus Christ bleibe bei uns (Text: Herkunft unbekannt; Melodie: Volksweise nach Franz Kett, Rechte beim RPA Verlag, Landshut)

▷ Vaterunser

▷ Segen/Kindersegen

▷ Lied
– SL 160: Du bist da, wo Menschen leben (Text: Detlev Jöcker; Musik: Detlev Jöcker, Rechte beim Menschenkinder Verlag, Münster)

Elemente für den Gottesdienst

▷ Einführung
Wir haben allen Grund zur Freude! Wir feiern Ostern: Christus ist auferstanden! Christus, der ans Kreuz geschlagen wurde, der starb und ins Grab gelegt wurde, ist auferstanden.
Wir heute wissen das alles aus der Bibel, in der die Ereignisse von damals aufgeschrieben sind. Die Jünger damals, die das alles miterlebten, konnten überhaupt nicht fassen, was da alles passiert ist. Sie waren völlig verzweifelt und wollten nur weg von Jerusalem.
Auch die Geschichte von diesen beiden Jüngern ist in der Bibel aufgeschrieben und ich möchte sie euch jetzt erzählen.

▷ Schrifttext, nacherzählt nach Lk 24,13-35
Zwei Jünger *(die beiden Jünger zur Hand nehmen)* gehen Ostern von der Stadt Jerusalem, die ihr hier seht, zum Dorf Emmaus, dort drüben. Kleopas und der andere Jünger waren traurig und verzweifelt. Ihr Freund Jesus ist tot! Er wurde ans Kreuz geschlagen und starb.

Die beiden waren ohne Hoffnung und konnten nichts Schönes mehr sehen und fühlen. Da war nur tiefe Traurigkeit. Immer nur müssen sie an Jesus denken, ihren besten Freund, den sie nun verloren haben. Vor drei Tagen wurde er ins Grab gelegt und ein dicker Stein davor gerollt. Heute morgen aber haben Frauen erzählt, der Stein sei weggerollt und das Grab sei leer! *(Grab zeigen)* Das verstehe jetzt, wer will. Die beiden Jünger können das alles nicht mehr ertragen. Es tut ihnen so weh, dass alles in Jerusalem sie an ihren toten Freund erinnert. Deshalb gehen sie fort. Sie machen sich auf den Weg nach Emmaus. *Die beiden Jünger wandern mit Hilfe der Kinder los.*
Emmaus liegt etwa 11 Kilometer weit entfernt von Jerusalem. Wenn man den Weg, wie die beiden Jünger hier, zu Fuß gehen muss, ist man schon eine ganze Weile unterwegs.
Aber Kleopas und sein Freund haben sich eine ganze Menge zu erzählen. Zu viel ist in den letzten Tagen passiert, dass sie nicht loslässt. Plötzlich tritt ein Fremder auf sie zu und fragt, ob er mit ihnen gehen kann. *Jesus zu den Jüngern stellen.*
„Natürlich, komm mit uns!“ antworten die beiden. Der Fremde geht mit ihnen. Sie kennen ihn nicht. Als er sie fragt, warum sie bloß so traurig sind, fragen die Jünger den Fremden ganz erstaunt, ob er denn der Einzige in Jerusalem sei, der nicht wisse, was in den letzten Tagen mit Jesus geschehen ist? Der fremde Mann erinnert die Jünger an Worte, die in der heiligen Schrift zu lesen sind. Er erklärt ihnen: „Jesus musste leiden und sterben. Aber es ist nicht alles aus!“ Inzwischen sind die drei Männer in Emmaus angekommen. *Die Drei ins Dorf stellen.* Es wird schon dunkel. *Schwarze Tücher um Emmaus legen.* Der Fremde will weitergehen. Die Jünger laden ihn ein: „Bleib doch bei uns. Es wird schon dunkel. Ruh dich aus, morgen kannst du immer noch weitergehen!“
Lied: „Herr, bleibe bei uns, denn es will Abend werden. Und der Tag hat sich geneiget.“ (SL 261, Text: Lk 24,29; Musik: Albert Thate; Rechte beim Bärenreiter- Verlag, Kassel)

Sie gehen ins Haus. Sie setzen sich gemeinsam an den Tisch. *Brot und Weinkrug zu den Jüngern stellen.* Ihr Gast nimmt das Brot in die Hände und betet. Dann bricht er das Brot. Er gibt jedem ein Stück. Da wird den Jüngern plötzlich klar: So hat Jesus mit uns das Mahl gehalten. Das ist ja Jesus! *Jesusfigur unbemerkt wegnehmen.*
Die Jünger springen auf. Aber da sehen sie ihn nicht mehr. Sie sagen: „Ganz warm wurde uns das Herz, als er mit uns sprach. Jesus ist auferstanden! Jesus lebt!“ *Gelbe Tücher um Emmaus legen.* Voller Freude laufen sie noch mitten in der Nacht zurück nach Jerusalem.

Gelbe Tücher auf den Weg legen, Blumen an den Wegrand stellen, brennende GD Kerze zum offenen Grab stellen, Sonnenstrahlen aus dem Grab herauslegen. Die Kinder lassen derweil die Jünger nach Jerusalem zurücklaufen.
Es ist zwar noch dunkel, aber die Jünger sind so voller Freude, dass es ihnen so vorkommt, als wäre es heller Tag. So schnell sie können, laufen sie zu ihren Freunden, um ihnen die frohe Botschaft zu bringen! *Jünger an die Häuser stellen.*

▷ Katechese
Das war die Geschichte von Kleopas und seinem Freund, besser bekannt auch unter dem Namen: Emmaus- Jünger.
Wenn wir uns noch mal an den Anfang der Geschichte erinnern: Die beiden Jünger waren ganz traurig, weil Jesus, ihr Freund, gestorben war. Die Stimmung der beiden haben wir auch hier gespürt. Unsere Legearbeit sah dunkel und traurig aus. (...) Das Grab Jesu, die drei Kreuze, der Weg aus dunklen Tüchern, so ganz ohne Blumen, nur hier und da eine Palme. Und das blieb ja auch eine ganze Weile so! Die Emmaus- Jünger haben sich auf den Weg gemacht und da passierte unterwegs etwas. (...) Es stieß jemand zu ihnen, der mit ihnen gehen wollte. Zunächst einmal war es ein Fremder. Wir haben ja gehört, dass sie den fremden Mann nicht kannten. Aber der Fremde hat etwas getan(...) Er hat ihnen erklärt, dass Jesus leiden und sterben musste und er hat ihnen etwas Wichtiges gesagt: „Es ist nicht alles aus!" In dem Moment konnten die Jünger das noch gar nicht verarbeiten. Als sie Emmaus erreicht hatten, baten sie den Fremden, doch bei ihnen zu bleiben, mit ihnen zu essen. Und dann passierte etwas, was die ganze Situation veränderte! Könnt ihr euch noch dran erinnern? (...)
Der Fremde brach das Brot und teilte es mit ihnen und da auf einmal erkannten sie: Es ist Jesus, der die ganze Zeit mit uns unterwegs war! Ihr könnt euch bestimmt vorstellen, wie sehr sich die Jünger gefreut haben. Diese Freude, die die Jünger empfunden haben, haben wir ja auch hier an unserer Legearbeit deutlich gemacht. Es wurde auf einmal hell für die Jünger. Die Trauer, die Angst, die Verzweiflung waren wie weggeblasen! Jesus lebt! Es stimmte also, was die Frauen in Jerusalem gesagt hatten und sie, Kleopas und sein Freund, sie hatten Jesus wahrhaftig getroffen. Am Ende unserer Erzählung hieß es: „Es ist zwar noch dunkel, aber die Jünger sind so voller Freude, dass es ihnen vorkommt, als wäre es heller Tag!" Plötzlich sehen sie die Blumen am Wegesrand. Sie schaffen den Rückweg von Emmaus nach Jerusalem in Rekordzeit, denn sie wollen unbedingt ihren

Freunden erzählen, was sie erlebt haben. Am Morgen noch war ihr Leben düster und traurig, geprägt von Hoffnungslosigkeit und dem Gefühl, nicht mehr weiter zu wissen und nun, mitten in der Nacht, ist alles hell, fröhlich und freundlich. Jesus ist auferstanden, er lebt, er hat den Tod besiegt! Das ist eine Neuigkeit, die die Jünger mit Begeisterung weitertragen!
Lassen wir uns anstecken von der Begeisterung und der Freude der Emmaus- Jünger und drücken wir das in einem fröhlichen Lied aus!

Kinder, singt dem Herrn ein Lied, singt ein Lied der Freude!
Der am Kreuze starb, er lebt; singt ihm jetzt und heute! Halleluja!

▷ Fürbitten
Als Zwischenruf zu den Fürbitten wird der Kehrvers gesungen:
Jesus Christ bleibe bei uns, Jesus Christ bleibe bei uns!
Wir bitten dich!

Die zwei Jünger gingen voll Not und Zweifel aus Jerusalem weg. Traurig und mutlos machten sie sich auf den Weg nach Emmaus. Doch da kam Jesus und sprach mit ihnen und plötzlich wurde es Licht. Lieber Gott, wir bitten Dich:
– Manchmal haben wir Angst und wissen nicht, wo unser Weg hinführt. Zeige du uns dann, dass wir nicht alleine sind, weil du mit uns gehst!

KV: Jesus Christ bleibe bei uns ...
– Du sprichst jeden Tag mit uns, auch wenn wir es nicht immer hören wollen. Nimm uns als deine Kinder an, auch wenn wir nicht immer das tun, was dir gefällt.

KV: Jesus Christ bleibe bei uns ...
– Manchmal sind wir ganz traurig und fühlen uns verlassen und allein. Tröste uns und schicke uns Menschen, die unsere Traurigkeit mit uns teilen, damit es bald wieder gut ist.

KV: Jesus Christ bleibe bei uns ...
– Viele Menschen in unserer Gemeinde, in unserer Stadt, in unserem Land sind voll Not und Zweifel unterwegs. Sie sind traurig und mutlos, weil sie große Sorgen haben. Schick ihnen Jesus, dass sein Licht ihr Leben wieder hell und lebenswert macht.

KV: Jesus Christ bleibe bei uns ...
Lieber Gott, Jesus ist mit den Jüngern nach Emmaus gegangen. Sie haben ihn erkannt, als er mit ihnen das Brot geteilt hat. Plötzlich wußten sie: Jesus lebt! Er ist nicht im Tod geblieben. Ihr Leben hatte wieder Sinn, sie waren voller Hoffnung und Freude. Wecke auch in uns diese Osterfreude und lass uns dir jeden Tag freudig danken.

20. Jesus erscheint den Jüngern am See

Vorbereitung

- Liedzettel
- großes Fischernetz (siehe GD Jesus beruft seine Jünger) in die Mitte legen
- für jeden Gottesdienstteilnehmer einen Fisch, beschriftet mit „Habt Vertrauen"
- Tücher in Farbabstufungen von dunkel nach hell (z. B. schwarze, braune, blaue, rote und gelbe)

Die Tücher werden während der Schriftlesung um das Netz herum gelegt, um die Stimmungslage der Jünger zu verdeutlichen. Erst Mutlosigkeit und Erfolglosigkeit, dann das Erkennen des Herrn.

Ablauf

▷ Eröffnung

▷ Begrüßung

▷ Anzünden der Kerze

▷ Gemeinsames Kreuzzeichen

▷ Lied
– SL 1: Im Namen des Vaters (Text: A. Wortmann; Musik: H. Wortmann; aus: SU 331 „Saarländer Kindermesse"; Rechte beim StudioUnion im Lahn Verlag, Limburg)

▷ Einführung
Situation der Jünger nach der Auferstehung.

▷ Schrifttext nach Joh 21, „Jesus erscheint am See", aus: Irmgard Weth, Neukirchener Kinder-Bibel, mit Bildern von Kees de Kort, 12. überarb. Aufl. in neuer Rechtschreibung, Kalenderverlag des Erziehungsvereins, Neukirchen- Vluyn 2000, S. 251-252.

▷ Lied
– SL 139: Kinder, singt dem Herrn (Text: Franz Kett; Musik: Volksgut „Höret drüber über'n Hang"; Rechte beim RPA Verlag, Landshut)

▷ Katechese
Auf Jesu Wort hin wagen die Jünger einen Neuanfang. Vertrauen und Mut führen letztlich zum Erfolg.

▷ Lied
– SL 238: Zeige uns den Weg (Text und Musik: Richard Strauß-König, Rechte beim Fidula- Verlag, Boppard)

▷ Vaterunser

▷ Segen/Kindersegen

▷ – SL 91: Komm, Herr, segne uns (Text und Musik: Dieter Trautwein, Rechte beim Burkhardthaus- Laetare Verlag, Offenbach)

Elemente für den Gottesdienst

▷ Einführung
Heute wollen wir euch erzählen, wie es den Jüngern nach der Auferstehung Jesu gegangen ist. Wenn wir uns erinnern: Jesus war in Jerusalem zum Tod am Kreuz verurteilt worden. Er wurde gekreuzigt, ist gestorben und am dritten Tage auferstanden. Er war den Frauen am Grab, den Emmaus- Jüngern und auch den anderen Jüngern erschienen. Aber jetzt wusste keiner so recht, wie es weitergehen sollte. Also sind einige von ihnen erst einmal nach Hause an den See Genezaret zurückgekehrt, dorthin, wo sie damals alles zurückgelassen hatten, um Jesus zu folgen. Aber hört selbst, was die Bibel uns erzählt. Da es in dieser Geschichte auch um ein Fischernetz geht, haben wir ein solches Netz hier in die Mitte gelegt.

▷ Schrifttext
Die Jünger verließen Jerusalem und kehrten zurück an den See Genezaret. Aber was nun? Was sollten die Jünger dort tun? *Schwarze Tücher an das Netz legen.* Eines Tages schlug Petrus vor: „Ich will wieder fischen gehen." „Dann gehen wir mit dir", sagten die anderen und fuhren mit Petrus hinaus auf den See. Schon brach die Nacht herein, die beste Zeit zum Fischen. Da warfen sie ihr Netz ins Wasser und warteten ab. Aber nichts geschah. Kein Fisch schwamm ins Netz, nicht ein einziger Fisch. Die Jünger warteten Stunde um Stunde, bis der Morgen anbrach. Da zogen sie ihr leeres Netz wieder ins Boot und fuhren enttäuscht zurück. *Braune Tücher an das Netz anlegen.*
Als sie nicht mehr weit vom Land entfernt waren, sahen sie am Ufer einen Mann. Es schien, als wartete er auf sie. „Ihr Freunde!" rief der Mann ihnen zu. „Habt ihr nicht zu essen?" „Nein, nichts, gar nichts!" sagten sie traurig und zeigten auf ihr leeres Netz. „Versucht es noch einmal!", rief der Fremde. „Aber werft diesmal das Netz auf der rechten Seite aus! Dann wird es euch gelingen."

Die Jünger sahen den Fremden verwundert an. Wusste er nicht, dass am Morgen keine Fische ins Netz gingen? Zögernd nahmen sie das Netz und warfen es aus, wie der Fremde gesagt hatte.
Blaue Tücher an das Netz legen.
Doch plötzlich – was war das? Das Netz füllte sich. Es zuckte, es zappelte. Es wimmelte nur so von Fischen. *Fische in das Netz legen.* Die Jünger zogen und zerrten. Aber das Netz war zu schwer. Sie konnten es nicht in ihr Boot ziehen. Da ahnten sie auf einmal, wer dort am Ufer stand. „Es ist der Herr!" (. . .) *Rote Tücher an das Netz legen.*
Am Ufer wartete Jesus schon auf sie. Er hatte ein Feuer angezündet und Brot und Fisch darauf geröstet. „Nun bringt die Fische her, die ihr gefangen habt!" sagte Jesus zu ihnen. (. . .) 153 Fische waren ins Netz gegangen. Und dennoch war das Netz nicht gerissen. „Kommt!" bat Jesus. „Setzt euch zum Mahl! Es ist alles bereit." Da setzten sich die Jünger zu ihm ans Feuer. Und Jesus nahm das Brot und den Fisch und teilte aus an sie alle. Still saßen sie da und aßen und schauten auf Jesus, wie er das Brot brach. Niemand fragte: „Wer bist du?" Nun wussten es alle. *Gelbe Tücher ans Netz anlegen.*
(„Jesus erscheint am See", nach Joh 21, aus: Irmgard Weth, Neukirchener Kinder-Bibel, mit Bildern von Kees de Kort, 12. überarb. Aufl. in neuer Rechtschreibung, Kalenderverlag des Erziehungsvereins, Neukirchen- Vluyn 2000, S. 251-252)

▷ Lied
Kinder, singt dem Herrn ein Lied. Singt ein Lied der Freude. Der im Grabe lag, er lebt! Singt ihm jetzt und heute. Singt ihm jetzt und heute. Halleluja.

▷ Katechese
Ihr habt euch sicher eben ein wenig gewundert, dass wir während der Geschichte Tücher um das Netz herum gelegt haben. Wenn ihr euch mal die Farben der Tücher anschaut, seht ihr, dass sie immer heller werden. Das hat was mit unserer Geschichte zu tun!
Angefangen haben wir mit schwarzen Tüchern, denn was war mit den Jüngern los am Anfang der Geschichte? (. . .) Sie waren mutlos, verzweifelt, traurig und wussten nicht, was sie machen sollten. Eigentlich hätten sie sich ja freuen müssen! Jesus war doch wieder auferstanden von den Toten! Aber er war nicht mehr so richtig da, wie vorher, als die Jünger mit ihm durch das Land gezogen sind. Die Jünger verstanden das alles nicht und sind erst einmal nach Hause an den See Genezaret gegangen. Dorthin, wo damals das große Abenteuer für sie angefangen hatte, als Jesus sie als seine Jünger berufen

hat. *(Wenn der GD „Jesus beruft sein Jünger" bereits gefeiert wurde, kann an dieser Stelle daran erinnert werden. Netz/Fische/Menschenfischer)* An die schwarzen Tücher schließen sich die braunen an. Die sind nun schon ein bisschen heller, weil die Jünger sich aufrafften etwas zu tun. (...) Sie gingen fischen! Petrus machte den Anfang und die anderen gingen mit. Aber da hatten sie auch nicht so den großen Erfolg. (...) Sie warteten und warteten, aber es ging ihnen kein Fisch ins Netz! Das passte zu ihrer ganzen Situation. Jesus hatte sie damals als seine Jünger berufen und wollte sie zu Menschenfischern machen. Nun waren sie aber nach allem, was passiert war, völlig ratlos und wussten selber nicht, wie es weitergehen sollte. Wie sollten sie da Menschen für die Sache Jesu begeistern? Und was passierte dann? (...) Es stand jemand am Ufer, der sie wieder auf den See zurückschickte. „Versucht es noch einmal, aber werft diesmal das Netz auf der rechten Seite aus!" Wer war denn der Mann, der am Ufer stand? (...) Das war Jesus! Das wussten die Jünger da aber noch nicht und sie wunderten sich schon ein wenig, aber sie taten, was der Fremde ihnen gesagt hatte. Auf Jesu Wort hin fahren sie noch einmal los, obwohl sie nicht so ganz davon überzeugt sind, denn schließlich haben sie die ganze Nacht gewartet und nichts gefangen. Aber sie vertrauen ihm. Da passiert das Unfassbare: Das Netz ist voller Fische! 153 Fische, wie Petrus nachgezählt hat. Dieser großartige Fang machte ihnen schon wieder etwas Mut, so dass auch die Tücher noch ein bisschen heller werden dürfen. Dafür liegen die blauen Tücher hier. Und plötzlich fällt es ihnen wie Schuppen von den Augen: Es ist Jesus, der am Ufer auf sie wartet! Sie hören auf sein Wort: „Werft das Netz auf der rechten – wir könnten auch sagen, auf der richtigen – Seite aus" und der Erfolg stellt sich ein. Die Jünger wissen plötzlich, wie es weitergehen soll! Sie sollen Menschenfischer sein, ganz wie es Jesus ihnen aufgetragen hat und die vielen Fische im Netz sind ein Zeichen dafür, dass es klappen wird. Jetzt haben die Jünger nicht nur wieder Mut, sondern sie können sich schon wieder ein wenig freuen. Dafür haben wir die roten Tücher ausgelegt. Ihr könnt es euch schon denken: Wofür liegen die gelben Tücher hier? (...) Für die große Freude, die die Jünger empfinden, als sie erkennen, es ist wirklich Jesus, der mit ihnen am See ist! Woran haben die Jünger das erkannt? (...) Jesus bricht mit ihnen das Brot! Das ist die Bestätigung: Er ist wahrhaft auferstanden und er ist bei ihnen, auch wenn sie ihn nicht mehr so sehen können und mit ihm leben können, wie vor seinem Tod.

Wenn wir diese Geschichte auf uns heute übertragen, können wir daraus lernen, dass Vertrauen und Mut uns weiterhelfen. Auch wenn wir noch so mutlos und traurig sind, dürfen wir das Vertrauen haben, dass Gott bei uns ist, dass er uns nicht alleine lässt. Er zeigt uns, wo es lang geht und auf sein Wort hin dürfen wir den neuen Weg wagen.

An dieser Stelle halten wir sonst das Fürbittgebet. Heute wollen wir ein Lied singen, in dem wir den lieben Gott bitten, uns immer den richtigen Weg zu zeigen.
– *SL 238: Zeige uns den Weg*
1. Zeige uns den Weg, wenn der Morgen winkt,
zeige uns den Weg, wenn die Sonne sinkt.
Zeige uns den Weg, zeige uns den Weg,
zeige uns den Weg, der zum Ziel uns bringt.
2. Zeige uns den Weg, wenn uns nichts bedrückt,
zeige uns den Weg, wenn uns manches glückt.
Zeige uns den Weg, . . .
3. Zeige uns den Weg, wenn wir ratlos sind,
zeige uns den Weg, wenn uns nichts gelingt.
Zeige uns den Weg, . . .
4. Zeige uns den Weg hier in dieser Zeit,
Zeige uns den Weg in die Ewigkeit.
Zeige uns den Weg, . . .
(Text und Melodie: Richard Strauß- König; aus: Mosaik 186 „Manchmal am Tage“, Rechte beim Fidula- Verlag, Boppard/Rhein und Salzburg)

Wir haben den lieben Gott gebeten, dass er uns den Weg zeigt. Wir dürfen ihm vertrauen! Wenn ihr euch die Fische hier im Netz anschaut, seht ihr, dass da etwas drauf geschrieben steht. „Habt Vertrauen!“ Ihr seid herzlich eingeladen, nach dem Gottesdienst einen Fisch mitzunehmen, damit ihr euch immer wieder daran erinnert, dass der liebe Gott uns den Weg zeigt und bei uns ist. Auch, oder gerade dann, wenn es uns nicht so besonders gut geht. Wir dürfen Vertrauen haben, das ist doch eine ganz tolle Sache.
Lasst uns jetzt gemeinsam das Vaterunser beten.

21. Ein Afrikaner wird getauft

Vorbereitung

- Liedzettel
- Diaserie zur Geschichte „Ein Afrikaner wird getauft“, Bilder von Kees de Kort, erhältlich in den diözesanen Medienzentren, oder
- Ostheimer- Figuren (Pferdewagen, Pferd, Afrikaner, Hirte o. ä. als Philippus)
- grüne und braune Tücher für den Weg, blaue Tücher für den Fluß

Entweder Sie zeigen die Dias parallel zur Geschichte, oder Sie spielen die Geschichte mit den Ostheimer Figuren. Beide Möglichkeiten sind geeignet, die Aufmerksamkeit der Kinder während der Schriftlesung auf das Gehörte zu konzentrieren und mit dem Gesehenen zu vertiefen.

Ablauf

▷ Eröffnung

▷ Begrüßung

▷ Anzünden der Kerze

▷ Gemeinsames Kreuzzeichen

▷ Lied
- SL 151: Gottes Liebe ist so wunderbar (Negro Spiritual)

▷ Einführung
Auch Menschen aus fernen Ländern hatten von Gott gehört und wollten mehr von ihm wissen.

▷ Schriftlesung, Apg 8,26-39, „Ein Afrikaner wird getauft“; aus: Hellmut Haug, Das große Bibelbilderbuch, Deutsche Bibelgesellschaft Stuttgart, 1994 (S. 324–335)

▷ Katechese
Alle sind eingeladen, die frohe Botschaft zu hören und weiter zu geben.

▷ Lied
- SL 220: Zieh den Kreis (Text und Musik: Dr. Hans Georg Surmund; aus: „Weitersagen“, Rechte beim Impulse Musikverlag, Drensteinfurt)

▷ Gebet

▷ Vaterunser

▷ Segen/Kindersegen

▷ Lied
– SL 182: Christus, deinen Namen tragen wir (Text: Rolf Krenzer; Musik: Siegfried Fietz, Rechte beim ABAKUS Schallplatten und ULMTAL Musikverlag, Greifenstein)

Elemente für den Gottesdienst

▷ Einführung
Viele Menschen kamen damals nach Jerusalem, um mit den Juden die heiligen Feste zu feiern und im Tempel zu beten. Die Botschaft Gottes breitete sich aus in alle Welt und viele hatten schon von Jesus, seinem Leben, seinem Tod und seiner Auferstehung gehört. So kam auch ein Minister der Königin von Äthiopien, einem fernen Land in Afrika, nach Jerusalem. Was er auf dieser Reise in Jerusalem erlebte, wollen wir uns nun anschauen und anhören.

Parallel zum folgenden Schrifttext werden entweder die Dias gezeigt, oder die Geschichte mit den Ostheimer Figuren gespielt.

▷ Schrifttext
Ein Wagen fährt durch Jerusalem. Darin sitzt ein Mann. Der Mann kommt aus einem fernen Land, aus Afrika. Es ist ein Minister der Königin von Äthiopien. Er will in den Tempel gehen. Er will zu Gott beten. Der Mann aus Afrika geht in den Tempel. Dann fährt er wieder heim. Er hat ein Buch gekauft. Ein Prophet hat das Buch geschrieben. Er versteht es nicht.
Am Weg steht Philippus. Philippus ist einer von den Jüngern in Jerusalem. Gott sagt zu Philippus: „Der Mann im Wagen braucht dich. Hilf ihm!“ Philippus fragt den Afrikaner: „Was liest du da? Verstehst du es auch?“ Der Afrikaner sagt: „Ich verstehe es nicht. Komm zu mir in den Wagen. Erkläre es mir!“
In dem Buch steht: „Er hat alles schweigend erduldet, wie ein Schaf, das zum Schlachten geführt wird. Aber Gott hat ihn gerettet. Er wird viele Kinder haben, eine ganz große Familie.“
Der Afrikaner fragt: „Von wem redet der Prophet?“ Philippus sagt: „Er redet von Jesus.“ Philippus erzählt dem Afrikaner alles über Jesus. Er sagt auch: „Wer Vertrauen zu Jesus hat und sich taufen lässt, gehört zu dieser Familie.“

Der Afrikaner sagt: „Ich habe Vertrauen zu Jesus. Da ist Wasser, taufe mich!“ Philippus sagt: „Ich taufe dich im Namen Gottes – des Vaters, des Sohnes und des heiligen Geistes. Du bist jetzt ein neuer Mensch. Du gehörst zu Jesus.“
Der Afrikaner steigt aus dem Wasser. Er sieht sich um: Philippus ist verschwunden. Philippus hat alles getan, was er sollte. Gott braucht ihn jetzt anderswo. Der Afrikaner steigt auf den Wagen. Er fühlt sich wie neu geboren. Er ist glücklich. Er sagt: „Ich bin getauft. Ich gehöre zu Jesus. Jetzt habe ich ein neues Leben.“
(„Ein Afrikaner wird getauft“; Apg 8,26-39, aus: Hellmut Haug, Das große Bibelbilderbuch, Deutsche Bibelgesellschaft Stuttgart, 1994 (S. 32–335)

▷ Katechese
Schade, leider wissen wir nicht, wie die Geschichte weiter geht, was der Afrikaner nun macht. Vielleicht ist er glücklich nach Afrika zurückgefahren und hat dort den Menschen von Jesus erzählt und somit die frohe Botschaft in seiner Heimat verbreitet. Wir wissen es nicht. *Parallel zur Katechese können die Dias noch einmal gezeigt werden, oder die Figuren wandern noch einmal den Weg.*
Aber schauen wir noch einmal auf den Beginn der Geschichte. Dieser Mann, von dem berichtet wird, dass er ein Minister der Königin von Äthiopien ist, kommt nach Jerusalem, weil er im Tempel zu Gott beten will. Von Gott hatten damals schon viele Menschen gehört und es gab viele Bücher, die wir heute als „Altes Testament“ kennen, in denen die Propheten von Gottes Taten geschrieben hatten. Ein solches Buch hatte sich der Afrikaner im Tempel gekauft und wollte es mit nach Hause nehmen. Bis dahin erzählt die Geschichte ja noch nichts Besonderes. Aber was geschieht dann? (...) Gott mischt sich ein und schickt den Philippus: „Der Mann im Wagen braucht dich. Hilf ihm!“ Damals lasen die Menschen halblaut aus einer Zeitung, oder aus einem Buch, so dass Philippus sofort wusste, was der Fremde las. Und Philippus sprach den Mann an: „Verstehst du, was du da liest?“ Hat euch das auch schon mal jemand gefragt: „Verstehst du, was ich dir vorgelesen habe?“ Manchmal braucht man wirklich noch eine Erklärung von Mama, Papa, Oma, oder der großen Schwester, damit ihr versteht, was da erzählt wird. So ging es auch dem Afrikaner. Er lud den Jünger zu sich in den Wagen ein und der erzählte ihm von Jesus, wie er gelebt hatte, dass er viele Menschen geheilt hat, dass er zu den Armen und Ausgestoßenen gegangen ist und mit ihnen gegessen hat. Er erzählte vom letzten Abendmahl, vom Kreuzestod Jesu und von seiner Auferstehung. Und dann

sagt Philippus noch etwas ganz Wichtiges: „Wer Vertrauen zu Jesus hat und sich taufen lässt, gehört zu ihm und zur großen Familie der Christen." Der Afrikaner, der jetzt so viel von Jesus gehört hat, kommt zum Glauben und bittet Philippus um die Taufe, weil er in die Gemeinschaft aufgenommen werden will.
Und Philippus tauft ihn mit Wasser und genau den Worten, mit denen wir alle auch getauft sind: „Ich taufe dich im Namen Gottes – des Vaters, des Sohnes und des heiligen Geistes. Du bist jetzt ein neuer Mensch. Du gehörst zu Jesus."
Die Geschichte vom Afrikaner will deutlich machen, dass alle Menschen, egal, ob groß oder klein, hell oder dunkel, eingeladen sind, die Botschaft Jesu zu hören und weiter zu geben. Heute werden wir meistens schon als ganz kleine Kinder getauft. Unsere Eltern haben von ihren Eltern und Großeltern vom lieben Gott gehört und wollten, dass auch wir in diese Gemeinschaft der Christen aufgenommen werden. Wir alle, Eltern und Kinder, sind aufgerufen, vom lieben Gott zu erzählen, dass möglichst viele Menschen, die vielleicht noch nichts von Jesus gehört haben, auch von ihm erfahren und froh werden. „*Zieh den Kreis nicht zu klein ...*" das ist nicht nur ein schönes Lied, sondern auch eine Bitte an uns alle!

▷ Gebet
Lieber Gott!
Der Afrikaner war nach seiner Taufe glücklich. Er sagte: „Ich bin getauft. Ich gehöre zu Jesus. Jetzt habe ich ein neues Leben."
Wir sind froh, dass wir deine Kinder sind, dass wir zu dir gehören. Wir hören gerne von dir und deinem Sohn Jesus. Hilf uns, dass wir deine frohe Botschaft weitertragen und anderen Menschen von dir erzählen, die noch nichts von dir gehört haben. Halte in uns die Begeisterung für dich und dein Wort wach, dass wir lebendige Zeugen sind in dieser Welt. Wir wissen, dass du immer bei uns bist und uns lieb hast. Dafür danken wir dir.

Literaturangaben

BIBELAUSGABEN/LITURGISCHE BÜCHER

Das große Bibelbilderbuch, Alle Geschichten der Reihe „Was uns die Bibel erzählt“ in einem Band, Helmut Haug, – Deutsche Bibelgesellschaft Stuttgart, 1994

Die Bibel, Einheitsübersetzung der Heiligen Schrift, – Katholische Bibelanstalt, Stuttgart 1980

Neukirchener Kinder-Bibel mit Bildern von Kees de Kort, Irmgard Weth, Kalenderverlag des Erziehungsvereins, 12. überarb. Aufl. in neuer Rechtschreibung, Neukirchen Vluyn 2000

Bibel- Bilder- Lexikon, hrsg. von Christoph Dohmen; Verlag Katholisches Bibelwerk, Stuttgart 1995

Elsbeth Bihler, **Kommt und seht,** Werkbuch zur Erstkommunion- und Beichtvorbereitung für Eltern und Kinder, © Lahn Verlag, Limburg ^{9}1998

Maus, erzähl mir was vom lieben Gott, Biblische Geschichten, Isolde Schmidt- Menzel und Cornelia Keller, XENOS Verlagsgesellschaft, Hamburg 1994

Das kleine Schaf, nacherzählt von Heidi Borrink, illustriert von Ellen Weiss, übersetzt von Ursula Kunrath; Hänssler Verlag, Neuhausen 1993

Schwikart, Georg, **Von Schutzengeln den Kindern erzählt,** Franz Menke, Verlag Butzon und Bercker, Kevelaer 1996

Die Schöpfung den Kindern erzählt, Maria- Regina Bottermann. Mit Bildern von Heide Mayr- Pletschen; Verlag Butzon und Bercker, Kevelaer 1995

LIEDERBÜCHER

GL: Gotteslob, Katholisches Gebet- und Gesangbuch, hrsg. von den Bischöfen Deutschlands u. a., Stammausgabe – Katholische Bibelanstalt, Stuttgart 1975

SL: Schwerter Liederbuch, „Singt dem Herrn“, hrsg. von Elsbeth Bihler, Hans- Heinz Riepe, Walburga Schnock, – BDKJ Verlag, Domplatz 11, 33098 Paderborn, 2. Aufl. 1990

kommt und singt, Hrsg. Erzbischöfliches Generalvikariat Köln, Hauptabteilung Seelsorge; Druck: Bachem Gmbh, Köln; 2. Korrig. Auflage 1994, Imprimatur Coloniae 1992, Zu bestellen bei: Presseamt Erzbistum Köln, 50606 Köln

Rolf Krenzer, Detlev Jöcker, Anke Jöcker, **Wir kleinen Menschenkinder** Neue religiöse Kinderlieder, Menschenkinder Verlag, Münster.

Rolf Krenzer, Detlev Jöcker, **Deine Welt ist meine Welt,** Menschenkinder Verlag, Münster